OS SÁBIOS

OS SÁBIOS

Sidarta convida Sócrates, Zoroastro, Lao-Tsé
e Confúcio para um encontro na Índia

Heródoto Barbeiro

7o

OS SÁBIOS
SIDARTA CONVIDA SÓCRATES, ZOROASTRO, LAO-TSÉ E CONFÚCIO PARA
UM ENCONTRO NA ÍNDIA
© Almedina, 2022
AUTOR: Heródoto Barbeiro

DIRETOR DA ALMEDINA BRASIL: Rodrigo Mentz
EDITOR DE CIÊNCIAS SOCIAIS E HUMANAS E LITERATURA: Marco Pace
ASSISTENTES EDITORIAIS: Isabela Leite e Larissa Nogueira
ESTAGIÁRIA DE PRODUÇÃO: Laura Roberti

EDIÇÃO: Ana Landi
PREPARAÇÃO DE ORIGINAIS: Rosemary Zuanetti
ASSISTENTE EDITORIAL: Mariana Cardoso
REVISÃO DE TEXTO: João Hélio de Moraes
CRIAÇÃO DE CAPA E PROJETO GRÁFICO: Helena Salgado
FOTO DA ORELHA: Gil Silva

ISBN: 978-85-62938-82-5
Julho, 2022

Dados Internacionais de Catalogação na Publicação (CIP)
(Câmara Brasileira do Livro, SP, Brasil)

Barbeiro, Heródoto
Os sábios : Sidarta convida Sócrates, Zoroastro,
Lao-Tsé e Confúcio para um encontro na Índia /
Heródoto Barbeiro. -- São Paulo : Edições 70, 2022.

ISBN 978-85-62938-82-5

1. Buda 2. Budismo 3. Confúcio, apr. 551-479 A.C.
4. Hinduísmo 5. Lao-Tzu 6. Sabedoria 7. Sócrates
8. Zaratustra I. Título.

22-110683   CDD-210

Índices para catálogo sistemático:
1. Religião e filosofia 210

Cibele Maria Dias - Bibliotecária - CRB-8/9427

Este livro segue as regras do novo Acordo Ortográfico da Língua Portuguesa (1990).

Todos os direitos reservados. Nenhuma parte deste livro, protegido por copyright,
pode ser reproduzida, armazenada ou transmitida de alguma forma ou por algum
meio, seja eletrônico ou mecânico, inclusive fotocópia, gravação ou qualquer sistema
de armazenagem de informações, sem a permissão expressa e por escrito da editora.

EDITORA: Almedina Brasil
Rua José Maria Lisboa, 860, Conj.131 e 132
Jardim Paulista | 01423-001 São Paulo | Brasil
www.almedina.com.br

Para professora Noêmia Saporito Marini,
mestre de yoga.

*Só nos momentos em que
exerço minha liberdade
é que sou plenamente eu mesmo.*

Karl Jaspers

SUMÁRIO

O começo de tudo – o escriba 10

Os Sábios – quem somos nesta história 14

1 Reunidos em Benares.. 21

2 A biblioteca dos deuses. 49

3 As duas rodas da carroça.. 61

4 O divino e os deuses 75

5 A criação do homem e do universo 93

6 O homem é aquilo que pensa,
o homem é o que faz.. 105

7 Sentar, respirar e meditar. 117

8 O eterno círculo.. 129

9 Hinduísmo: um feixe de seitas.. 137

10 O edifício sem escadas 147

11 Os segredos dos templos.. 159

12 Um rio banhado de sol 173

13 De volta para casa. 183

Para finalizar – o escriba 194

Glossário. 197

Posfácio – Inspiração 206

O COMEÇO DE TUDO
O ESCRIBA

É assim que me chamam na terra dos faraós: escriba. De fato, tenho anotado muito do que vejo e ouço em toda a região, especialmente no Oriente. Na minha modesta opinião, o passado é uma questão filosófica que pode ajudar a entender o comportamento humano. Sofri duras críticas, fui tachado de influenciável, impreciso e plagiador. Até de mentiroso. Uns me chamam de pai da história, outros de genitor da mentira. Para mim, história é investigação. Contudo, a decisão de ler ou não o que escrevi é sua.

Sou um apaixonado pela história e anotei o que pude, especialmente na Grécia, no Egito e na Pérsia. Fui convidado por um jovem príncipe hindu, Sidarta, a me juntar a um grupo de sábios na Índia e acompanhar o encontro em que ele faria uma exposição do que pensa sobre a religião local e falaria sobre sua visão de vida e de mundo. Foi uma experiência emocionante, apesar da longa e dura viagem na companhia de Sócrates. No caminho, Zoroastro apareceu, e já éramos três. Lá nos encontramos com Lao-tsé e Confúcio.

O resultado dos 13 encontros está neste livro, que, espero, ajude o leitor a entender um pouco da rica e maravilhosa civilização que começou às margens do rio Indo. Tudo o que disseram foi anotado e é fiel ao que pensam. As imprecisões são de minha responsabilidade e de ninguém mais.

A última notícia que recebi de Sidarta é admirável: ele fundou uma nova religião, ganhou o título de Buda, o iluminado, e vive divulgando suas ideias por todo o noroeste da Índia. É o fundador de uma religião universal.

Heródoto de Halicarnasso

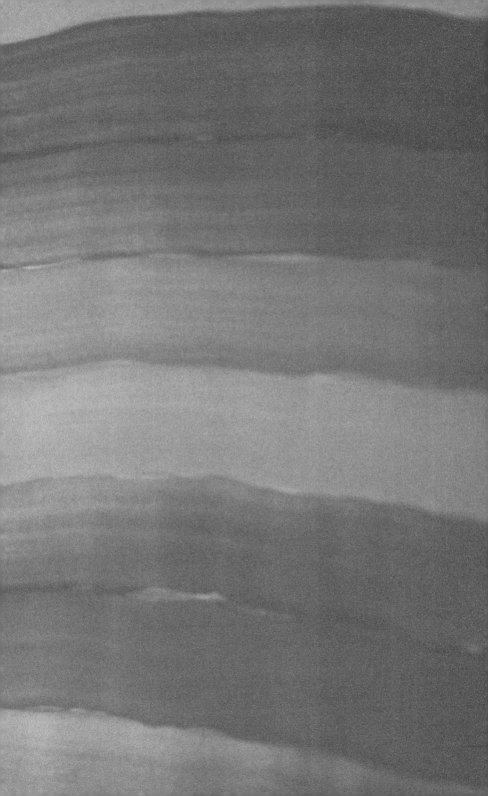

OS SÁBIOS
– QUEM SOMOS
NESTA HISTÓRIA

Meu nome é **Heródoto de Halicarnasso**, sou grego e contemporâneo do apogeu da cidade estado de Atenas. Viajei pelo Egito e pelo império persa há uns 5 séculos antes de Cristo. Meus livros ainda podem ser encontrados nas livrarias. Tenho o privilégio de participar desta aventura.

Sócrates é meu contemporâneo e viveu em Atenas. Conheci sua casa e sua mulher rigorosa, a Xantipa. Foi um período de esplendor da cidade-estado grega, que, sob a liderança de Péricles, desenvolveu a democracia. Sócrates teve um fim trágico, uma vez que foi condenado à morte por não reconhecer os deuses do Estado. Sua obra sobreviveu nos relatos de seus alunos.

Sidarta é o nosso anfitrião na cidade de Varanasi, ou Benares, na beirada do rio Ganges, na Índia. Teve a feliz ideia de chamar outros sábios desse período que no futuro vai ser chamado de "Era Axial". É o fundador do Budismo, viveu no século 5 a.c. e foi contemporâneo dos demais convidados para esses encontros na pequena cidade de Benares. Ele é o principal narrador dos fatos e explica um pouco da cultura do seu povo, que eu tentei, fielmente, retratar aqui.

Zoroastro é um personagem enigmático. Seus admiradores não sabem exatamente o período em que viveu no antigo império Persa. Alguns autores dizem que foi no século 5 a.C. Suas ideias e doutrinas permaneceram vivas até a invasão dos islâmicos, 12 séculos depois. Ainda existem templos da religião por ele fundada no moderno Irã e no Azerbaijão. Também é conhecido como Zaratustra.

Confúcio também viveu no século 5 a.C. Não foi fundador de nenhuma religião. Era um filósofo e sua obra é estudada até os dias atuais. A base do seu pensamento era a moralidade que pregou em toda a sua vida. Foi um conselheiro para os poderosos da época a quem ensinava justiça, sinceridade e conduta ética do Estado. Sem elas nenhum país seria feliz. Seus princípios eram as tradições e crenças do povo chinês com forte veneração da família, dos ancestrais e idosos. Um *gentleman*.

Lao-tsé, contemporâneo de Confúcio, veio para o encontro na mesma caravana de camelos da chamada Rota da Seda. Teriam se conhecido quando trabalharam na biblioteca dos imperadores chineses. Não caminharam juntos. Lao-tsé se cansou das disputas da corte e partiu para uma vida isolada. Desenvolveu uma filosofia, para outros, uma religião, o taoísmo. Seus ensinamentos estão contidos no livro *Tao-te Ching* e foram desenvolvidos pelos seus discípulos. Diziam as más línguas que era mal-humorado, mas podem constatar neste livro que isso não é verdade.

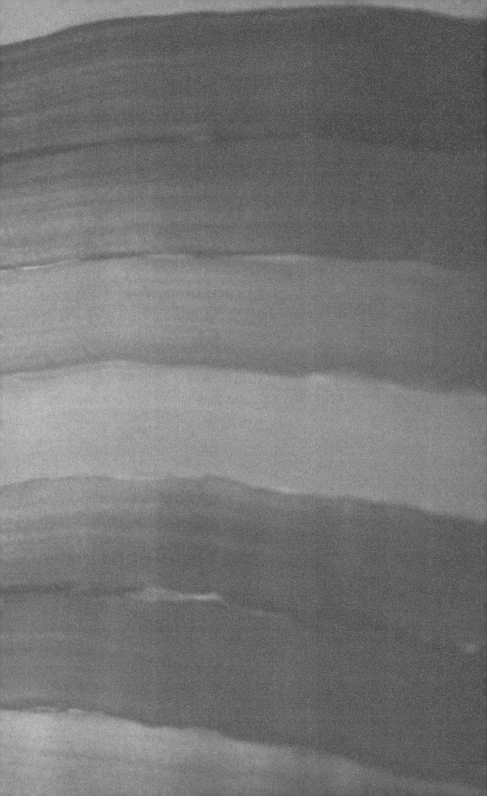

1
REUNIDOS EM BENARES

**Não acreditem
em nada do que eu digo,
experimentem.**
— Sidarta

Heródoto de Halicarnasso – Meus amigos,
inicialmente quero agradecer o esforço que fizeram
para estarem aqui, atendendo a um convite do
príncipe hinduísta Sidarta Gautama. Espero que a
longa e cansativa viagem seja compensada pelo
que poderemos aprender com esta civilização. Foi
emocionante para mim a dedicação dos cameleiros
da Rota da Seda. E, enfim, estamos às margens

do rio Ganges, ou Ganga, na pequena Benares. Um lugar tão aprazível... se um dia pensar em me aposentar, certamente ficarei aqui. Muita sombra, muitos templos e uma quantidade imensa de pessoas que vêm dos lugares mais distantes para peregrinar... Quero esclarecer que não tecerei opinião sobre os comentários que vamos fazer em nossos encontros. Vou apenas anotar tudo, como tenho feito em minhas viagens nos últimos tempos, e um dia publicar. Tenho consciência de que ideias vêm e vão; a história fica, ela não se arrasta, dá saltos. Assim, passo a palavra ao nosso anfitrião.

Confúcio – Antes, se me permite, quero dizer que é delicioso ter amigos que chegam de lugares tão distantes. A amizade com o honrado, com o sincero, com o observador é vantajosa.

Sidarta – Inicialmente quero agradecer por estarem aqui e se disporem a dividir comigo minhas dúvidas. De saída, esclareço a todos que na Índia não existe apenas uma religião, mas um feixe de religiões aparentadas que representam modalidades diferentes da nossa tradição védica, fonte inicial de todas elas. Por isso não há intransigência entre as religiões na Índia.

Lao-tsé – Na China, também são várias. E eu me esforcei para entender a natureza das coisas.

Confúcio – É, mas não deveria ser assim, devemos cultuar o Filho do Céu, de onde se origina toda tradição. Apesar da minha divergência pessoal com o mestre Lao-tsé, aqui ao meu lado, tenho grande respeito por ele. Da minha parte, eu me preocupo com a reforma dos costumes. Se um homem utiliza seu antigo conhecimento para adquirir um novo, ele pode ser mestre dos outros.

Zoroastro – Na Pérsia, também temos várias religiões, mas a convivência não é pacífica. Eu mesmo já fui vítima de perseguições.

Sócrates – Vamos deixar o nosso amigo Sidarta falar um pouco mais.

Sidarta – Inicialmente quero dizer a vocês que nasci em uma família praticante do hinduísmo. Meu pai era soberano de um pequeno reino situado ao norte, e lá vivi durante um dos mais extremos momentos da minha vida. Tinha tudo o que queria, estava sempre cercado de atenções e mimos. Nada me faltava. Confesso que amava minha mulher e meu filho. Me atribuíam sabedoria e dons excepcionais como cavaleiro e arqueiro. Meu pai e minha tia me mantinham na corte, e eu nunca deixava o palácio real. Nessa época de fausto, o povo me chamava de Shakyasinha, ou Leão dos Shakyas. Minha mãe, Maya, morreu logo depois de eu nascer. Meus parentes diziam que ela era doce e amorosa.

Lao-tsé – O pai e o filho são dois, a mãe e o filho são um.

Sócrates – Meu jovem, você não tinha autorização nem para ir à ágora, ou melhor, ao mercado, para conversar ou ver seu povo?

Sidarta – Não, os muros do palácio eram o limite da minha vida de ócio e deleite. Uma vez ouvi uma canção que falava das amarguras do mundo que eu nunca tinha presenciado. Confesso que vivia no tédio e não era feliz, apesar das joias, roupas de seda, festas e do cuidado de todos comigo. Eu me sentia deprimido. Aquele mundo material não preenchia os meus dias. Não via sentido na vida, e nem mesmo a participação nos rituais da religião dos meus pais me acalmava. As palavras e os sacrifícios religiosos conduzidos pelos brâmanes não me emocionavam. Precisava fazer alguma coisa sob o risco de pôr fim à minha própria vida. Nada parecia ter sentido, nem mesmo a beleza dos jardins, das fontes e dos pavões que lá passeavam. Comecei a cogitar o que havia atrás dos muros do palácio. Depois de algum tempo, já desesperado, resolvi desobedecer às ordens do meu pai e ir para a rua. Passei a sair do palácio escondido, apenas na companhia de um criado. Na primeira vez, vi pessoas velhas; na segunda, doentes; e, na terceira vez, assisti a um cortejo que levava um morto para ser cremado. Acompanhei também um enterro às margens do rio. Perguntei ao criado se todos os seres humanos iriam passar por aquilo. Ele respondeu que ninguém poderia escapar, que a morte era o fim de tudo. Entrei em profunda depressão. Com todo o meu poder e a minha riqueza, eu não seria capaz de escapar do ciclo de nascimento, decadência e morte. Saí em busca da única coisa estável e firme, o Dharma, a verdade acima de tudo o que existe e que é capaz sozinha de nos libertar da dor.

Lao-tsé – Você poderia ser o herdeiro do seu pai no reino, uma vez que quem ama o mundo como seu corpo merece confiança para governar um império. Afinal, quem melhor governa é quem aprende a governar. Contudo, pode ter certeza de que quanto mais proeminentes forem as leis e a ordem, mais ladrões e assaltantes haverá. Poderia ter posto tudo isso em prática.

Confúcio – Caro Sidarta, riquezas e honras são o que os homens mais desejam. Se não podem ser obtidas honestamente, não são conservadas. Você as tinha, o que mais poderia almejar? Algum dinheiro evita preocupação, muito dinheiro só a atrai. Vai ver que era o seu caso naquele palácio, cercado de ouro, joias, especiarias, mulheres...

Zoroastro – Riquezas e honras não são para mim. Vejo que é possível construir um mundo melhor com a vitória do Bem sobre o Mal em um paraíso para os que estiverem ao lado do Bem na sua luta contra o Mal... Antes do mundo existir, reinavam os espíritos antagônicos Ahura Mazda, ou Ormuz, o Bem, e Arimá, o Mal.

Confúcio – O homem superior evita, quando jovem, a luxúria; quando forte, a petulância; e, quando velho, a cobiça. Ele age antes de falar e depois fala de acordo com suas ações.

Lao-tsé – Quem se comporta verdadeiramente como um chefe não toma parte da ação. Continue, meu amigo.

Sidarta – Bem, daí em diante não dormi mais. Eu iria

morrer. Teria que me apartar de tudo o que gostava. Não poderia levar nada comigo. Senti uma tristeza profunda e não mais consegui me livrar dela. Estava preso às coisas materiais, sofria do apego. Imaginava para quem ficariam meus belíssimos cavalos, minhas roupas, minhas joias e meu corpo. Quando morresse, não poderia levar nada comigo.

Sócrates – Uma questão existencial. É mais rico aquele que se contenta com o mínimo, porque o contentamento é a riqueza da natureza.

Confúcio – Uma constatação tão antiga quanto o sopro que criou o universo. O homem superior é universal, e não parcial. O homem inferior é parcial, e não universal. Essa é a sabedoria que deveria tê-lo orientado naquele momento.

Sidarta – Meus amigos, cheguei à conclusão de que nada que existia à minha volta seria capaz de me livrar da depressão que me perseguia dia e noite, e eu tinha apenas 29 anos. Não entendia por que os deuses permitiam que as pessoas sofressem tanto. Uns de doenças físicas e eu de doença mental, ou espiritual, não tinha certeza. Talvez, se eu fosse ao encontro deles, pudesse decifrar esse enigma. Precisaria fugir do palácio sem que ninguém soubesse. Um dia vi um cadáver insepulto sendo devorado por vermes, e estes devorados pelos pássaros, e estes... Enfim, tudo estava em transformação contínua, sem fim. O que fazer? As três forças que os sacerdotes brâmanes me ensinaram agiam continuamente, uma criando, outra mantendo e a terceira destruindo. Novos nascimentos, novas mortes, o ciclo não parava.

Sócrates – A vida do homem é como uma gota que cai em uma folha...

Zoroastro – O que resolveu fazer? Por que não me procurou antes? Eu tenho respostas para as angústias dos seres humanos. Eu perambulei pelas estepes da Pérsia e me perguntava: quem fez o sol e as estrelas? Quem criou as águas e as plantas? Quem faz a lua crescer e minguar? Quem implantou nas pessoas sua natural bondade e justiça?

Sidarta – Meu amigo persa, eu estava transtornado, sem rumo. Tinha medo da morte. Em uma das minhas furtivas saídas do palácio, vi um grupo de ascetas andarilhos que viviam em busca do fim do ciclo de nascimento e morte. Aquilo me emocionou. Quando nasci, um astrólogo alertou meu pai, Sudodana, de que eu estava destinado a abandonar o palácio e viver como um asceta na floresta junto com os animais. Por essa razão, meu pai, que me amava, tinha estabelecido os limites do palácio para meu deslocamento e impedia que eu tivesse contato com a realidade da vida além do muro. Como a crise mental em que eu vivia não me abandonava dia e noite, decidi desrespeitar as ordens de Sudodana. Não tive dúvidas. De madrugada, chamei o criado, montamos nos cavalos mais ágeis e marchamos para a borda da floresta. Deixei tudo. Roupas, joias e meu querido cavalo. Cortei o cabelo, vesti os andrajos que tinha trazido e mergulhei na escuridão. Eu era um homem comum, e não mais um ksatrya, como meu clã. Me juntei a um grupo de peregrinos e passei a manter as práticas do hinduísmo em sua totalidade. Comia muito pouco, exercitava yoga dia e noite, meditava sobre a origem dos deuses, recitava os versos dos textos sagrados dos *Vedas*. Fiquei uns sete anos morando no mato, nas cavernas e na beira dos rios. Sentia-me protegido na comunidade de praticantes, mas minha mente não sossegava. Continuava turbulenta, sem controle e sem obter respostas.

Confúcio – Aos olhos de um pai, o filho é sempre um filho, tenha ou não virtudes. "Não tenha amigos que não sejam iguais a você."

Lao-tsé – Então você saiu à procura do Tao... No Tao, o importante não é tanto atingir a meta quanto saber andar. O caminho nunca está traçado de antemão, ele é traçado à medida que andamos, portanto é impossível falar no caminho sem estar nele caminhando. O Tao é invisível, mudo, imaterial, eterno e sem nome.

Sidarta – Saí à procura de mim mesmo, do meu próprio caminho. Passei a meditar sobre o coração, o intestino, a garganta, as sobrancelhas e até o topo da cabeça. Tentei descobrir o caminho para a volta à suprema divindade. Um devoto, segundo a tradição atual, nunca pode ter medo da morte ou de trocar de corpo. Ele sabe que é uma passagem para o reino espiritual e que sua volta para casa está garantida pela ação dos deuses. As pessoas que estão purificadas não têm dificuldade de voltar ao reino divino.

Lao-tsé – Quem conhece os outros é um sábio, quem conhece a si mesmo é um iluminado.

Sócrates – Sei como é. Alguns têm coragem nos prazeres; outros, nas dores. Alguns, nos desejos; outros, nos medos. Alguns são covardes nas mesmas condições.

Confúcio – Aprender sem pensar é trabalho perdido, pensar sem aprender é perigoso.

Sidarta – Bem, caros amigos, fui em busca de "experiências" mais radicais. Estava disposto a tudo. O que avançara até então não me satisfazia. Continuava com medo da morte, e isso aprofundava minha depressão. Juntei-me a um grupo radical, com práticas de autoflagelo e jejum quase total. Passei a me alimentar de um único pinhão por dia. Seguia o preceito de que o alimento não era o responsável pela energia da vida. Nem sei quanto tempo pratiquei esses extremos. Um dia estava totalmente inerte perto de um riacho. Achei que ia morrer. Não conseguia ficar de pé, minha visão escureceu, não sentia meus pés. Eu ia morrer e não tinha descoberto nem decifrado o enigma do sofrimento. Uma mulher me salvou ao me alimentar com arroz doce. Ela me pediu que não morresse. Várias vezes voltou para me alimentar até que recobrei parte das minhas forças e tomei uma decisão. Eu tinha experimentado os dois extremos, a riqueza e a miséria, o fastio e a fome, a boa saúde e a dor. Nenhum deles me aliviou, por isso tomei a difícil decisão de deixar os meus companheiros e buscar o caminho do meio. Nem um extremo, nem outro. A paz de espírito não estava lá, eu mesmo havia constatado isso. Só me sobrava o caminho do meio. Passaram a me chamar de Shakyamuni, o Solitário dos Shakyas.

Lao-tsé – Quem tem boa vontade carrega o difícil e supera também o menos difícil.

Zoroastro – Meu caro, como seus companheiros reagiram ao abandono das práticas hinduístas? Não se sentiram traídos? Afinal, até aquele momento, você era um exemplo a ser seguido, um guru.

Sidarta – Ficaram decepcionados e me expulsaram do grupo. Então busquei a iluminação com meu próprio método depois desse desencontro. Foi coincidência me deparar com as caravanas que cobrem da China à Grécia. Os viajantes me falavam de pessoas ilustres, dedicadas, bem-intencionadas e que não deixariam de atender a um pedido meu para este nosso encontro. Não foi fácil. Sócrates, Zoroastro, Heródoto de Halicarnasso, obrigado por deixarem o Ocidente e virem tão longe. Lao-tsé e Confúcio, também sou grato pelo esforço de deixarem o Império do Meio para nos encontrarmos. Enfim, estamos reunidos aqui. Uma aventura que nunca pensei pudesse ser concretizada.

Confúcio – Caro Sidarta, ser desconhecido dos homens e não se preocupar com isso é próprio dos sábios. Você deu provas disso. Recompensou a injúria com a justiça, e a gentileza com a gentileza. Foi atrás de conhecimento. De nossa parte, viemos conhecer seu povo para nos ajudar a entender algumas questões que nos incomodam no dia a dia.

Sócrates – Para nós, é uma oportunidade única encontrar alguém disposto a nos explicar e a debater sobre a doutrina do hinduísmo. Então, como faço sempre com os meus discípulos em Atenas, vamos iniciar com o método dialético: afinal, o que é o hinduísmo?

Sidarta – Meu caro Sócrates, inicialmente preciso explicar que o hinduísmo é uma religião dominada pela casta superior ortodoxa que enfatiza, exteriormente, os rituais longos e rigorosos, e, interiormente, o conhecimento secreto dos estados mais elevados de consciência passado de pai para filho. Desta forma, os conhecimentos ficam em um círculo da elite da nossa sociedade. Popularmente há uma prática muito antiga conhecida como tantra. Segundo seus seguidores, o tantra é mais antigo que os textos bramânicos. Nossa religião não foi fundada por uma única pessoa, como o zoroastrismo, do nosso amigo aqui presente. O hinduísmo se formou ao longo do tempo, adequando-se à vida das pessoas. Também não foi formulado e elaborado em um único dia ou no transcurso de uma vida. Cresceu lenta e gradualmente no decorrer do tempo, permitindo todas as mudanças e incorporando os novos ideais trazidos por novas ondas de migrantes. Só quero lembrar que o nome Índia, hindu, deriva da civilização mais antiga que se desenvolveu às margens do rio Indo. Era uma civilização hidráulica, como nosso historiador gosta de designar.

Heródoto de Halicarnasso – Não vou comentar, uma vez que estou aqui apenas para anotar as ideias de vocês.

Confúcio – Nossa sociedade também se desenvolveu paralelamente ao do rio Amarelo, portanto também foi uma civilização hidráulica. Vejo que deduziram que o sábio encontra o prazer na água; o virtuoso, nas colinas. O sábio é ativo, virtuoso e tranquilo. É alegre e longevo.

Sidarta – De fato, essas qualidades foram praticadas por vários mestres ao longo dos tempos. Para ser claro, prefiro dividir historicamente minha exposição. Por isso vou chamar de vedismo as suas origens, ou sanatana dharma, ou fé eterna, ainda que no futuro os estudiosos das religiões venham a chamar de hinduísmo. Sou de uma dessas tradições.

Sócrates – Então a denominação correta dessa religião é sanatana dharma, e não hinduísmo?

Sidarta – Amigos, quero esclarecer que a palavra dharma significa modo de vida, e não religião. Ela governa todas as coisas. Assim, quero esclarecer que essa designação hinduísta não existe na nossa língua. É um nome que veio do Ocidente. Assim, vou alternar as duas palavras para ficar mais fácil para vocês entenderem.

Lao-tsé – Posso entender o sanatana dharma, ou hinduísmo, como uma árvore que deu muitos frutos?

Sidarta – Não, nossa religião não é uma árvore com muitos galhos saídos do mesmo tronco. Ela é um conjunto de galhos independentes, mesmo que todos tenham a mesma natureza. Isso leva os estrangeiros a definir o hinduísmo como uma coisa só. E não é. Cada galho tem as suas próprias características, deuses, preferências, rituais, tradições, prioridades e métodos. Contudo, reitero que todos têm a mesma natureza. Ou seja, todos são regidos por princípios semelhantes. O hinduísmo é também um modo de vida. É aberto ao debate, nenhuma palavra é profana; não tem heresias, nenhum debate é blasfemo. Ele é flexível, e não refratário às mudanças. Não dita regras rígidas às pessoas. Talvez por isso nunca houve por aqui nenhuma guerra santa. Hinduísmo, ou sanatana dharma se preferirem, não é uma escola metafísica.

Zoroastro – E eu venho chamando vocês de hinduístas há décadas...

Sócrates – Lá em Atenas, onde temos a democracia, pessoas são punidas quando pensam diferente do governo. Eu mesmo respondo a um processo...

Sidarta – Lamento, meu caro Sócrates. Deixem-me explicar. Nós somos uma civilização puramente religiosa, que manifesta a eficiência do espírito. A Verdade, segundos os crentes, foi revelada aos richis, por isso é um conhecimento sagrado e está nos *Vedas*, os livros também sagrados. Inicialmente a tradição védica foi oral, transmitida pelo deus Brahma. Há uma oração popular que diz: "Nosso querido deus, seus atributos pessoais estão explicados nos *Vedas*. Você não tem mãos, mas você pode aceitar todos os sacrifícios que lhe são oferecidos. Você não tem pernas, mas pode andar mais suavemente que qualquer um. Apesar de não ter olhos, você pode ver qualquer coisa no passado, presente e futuro. Todavia não tem orelhas, mas é capaz de ouvir tudo o que é dito. Ainda que não tenha mente, é você que conhece a todos e a atividade de todos, presente, passado e futuro, e ninguém o conhece. Você conhece todos, mas ninguém o conhece, e ainda assim você é a mais antiga e suprema divindade". Não há regras para a escolha de um deus, e se você não tem nenhum, é a mesma coisa. Ninguém é punido por isso.

Sócrates – A tradição grega também foi transmitida oralmente, como em nossos clássicos *Ilíada* e *Odisseia*.

Zoroastro – Creio que a transmissão oral é uma característica de muitos povos. Quando recebi dos deuses os cinco hinos que formam o meu livro *Avesta*, também foram propagados oralmente.

Lao-tsé – Na China, eles estão escritos no *Livro da Natureza Inteligente*, ou, se quiserem, *Tao Teh King*. Ele é fundamental para entender a filosofia e a metafísica chinesa.

Confúcio – Mas, a propósito, Sidarta, o que são richis?

Sidarta – Obrigado. Toda vez que eu disser algo que não entendam, por favor, me interrompam. Richis são sábios inspirados que receberam a revelação da religião. São considerados os formuladores originais. E, como são muitos, há oferenda a eles nos templos. A multiplicidade de deuses que vocês veem nos templos de Benares indica a hospitalidade espiritual do nosso povo e a dedicação aos sábios. Contudo, uns templos optam pela doutrina da competência espiritual, que exige práticas correspondentes à competência individual. Outros optam pela doutrina da divindade, uma forma do Brahman que satisfaz buscas espirituais e se torna objeto de veneração. Volto a lembrar que a religião é um feixe de varas, e não um único tronco. Daí a diversidade que veem representada.

Zoroastro – Bem, quando eu fundei a minha religião, foi diferente. Eu recebi a visita de um ser estranho, quando estava sentado à beira de um rio. Ele me disse: "Sou a Boa Mente e vim buscá-lo". Aprendi que Ahura Mazda tudo cria e sustenta e me escolheu para anunciar uma mensagem libertadora a todas as pessoas. Então, Sidarta, como aconteceu comigo mesmo, o sanatana dharma, o hinduísmo, é uma religião revelada?

Sidarta – Sim, meu caro persa, esses sábios, os richis, consideravam-se dotados de uma intuição suprema, ou ouvintes, para não dizer videntes, da Verdade Eterna. Assim, os textos védicos, de data e inspiração variadas, são os únicos documentos que falam da tradição original mais antiga dos povos que habitam a Índia. Eles formam um vasto conjunto que representa o pensamento religioso e cosmogônico da minha religião. Os mais antigos textos que compõem os *Vedas* são *Rig Veda*, *Sama Veda*, *Yajur Veda* e *Atharva Veda*. Não se conhecem os seus autores, mas acreditamos que sejam textos sagrados, cheios de sabedoria e capazes de aproximar os homens dos deuses, que são inumeráveis. Nosso panteão divino é gigantesco. Vocês vão ter oportunidade de ver quando andarem aqui em Benares ou nos povoados próximos. A religiosidade está em todo lugar, e ninguém começa o dia sem fazer preces em sua casa e sem honrar os nichos com deuses espalhados pelas ruas e estradas. Aqui não faltam velas, lamparinas e incenso junto às imagens dos deuses. Da minha parte, creio que a verdade última só pode ser obtida por meio da disciplina mental do yoga e da meditação...

Confúcio – Pode explicar melhor? Eu, ao contrário de você, sou de origem humilde. Passei a infância e a adolescência com muito sofrimento. Meu primeiro cargo foi de funcionário público... Na China, acreditamos na evolução, que é a unidade do sopro, ou a energia vital que anima o universo todo. O sopro é, ao mesmo tempo, espírito e matéria e assegura a ordem dos viventes em todos os níveis. Pode-se dizer que a cultura chinesa é a própria cultura do sopro.

Sidarta – Meu amigo chinês, nossa tradição está descrita nos *Vedas*. O *Rig Veda* é o mais antigo e está dividido em dez ciclos, ou mandalas. É o mais importante dos *Vedas*, e nele há forte influência dos habitantes originais destas terras, os dravidianos. Só depois chegaram os arianos, povos que vieram do norte. O *Rig Veda* são preces e louvores dirigidos aos deuses e tratam de formas rituais do culto e do pensamento metafísico. Têm poder mágico, segundo creem, pela sonoridade. São murmurados nas cerimônias e assim entram em contato com a essência das coisas. Tratam de sacrifício, matrimônio, funerais ou do ritual do fogo. Destaco os *Bramanas*, textos que interpretam o Brahman sob o ponto de vista teológico. Assim, a cada *Veda* se prende um ou vários *Bramanas*. Um deles estabelece que o sacerdote, ou brâmane, deve sempre velar pela boa ordem da cerimônia celebrada ao ar livre. O *Rig Veda*, portanto, é uma documentação das crenças a respeito da criação, dos deuses, do nascimento e da morte. Há outros três *Vedas* que trazem mais detalhes sobre os ritos e o desenvolvimento da religião.

Lao-tsé – Na minha concepção, pela prática das virtudes comuns é possível alcançar a extinção do desejo e a integração no Tao, mas é uma ação individual. Então posso entender que no sanatana dharma há sempre um intermediário entre o homem e os deuses?

Sidarta – Sim, esse é um princípio basilar da religião que se cultiva por aqui, com o que eu não concordo e por isso tenho meditado para descobrir como transformá-lo. As práticas estão escritas nos *Bramanas*, que foram sucedidos por outros textos conhecidos como *Upanishads*, ou *Vedantas*, cuja elaboração se estendeu por mais de mil anos. Estes são usados nos seminários e exprimem em metáforas as mais comuns inquietudes humanas e acentuam o tema atmam-Brahma, que é a busca da unidade no seio da diversidade. A isso chamamos de monismo.

Confúcio – Como sabem, fui discípulo do mestre Lao-tsé, mas não tive êxito. Naquela época, ele era o zelador da Biblioteca Real. Lá aprendi que a felicidade de um povo se deve a uma administração sábia e prudente, com príncipes virtuosos e cheios de sabedoria, como me parece ser o seu perfil, Sidarta. Também temos inúmeros textos catalogados, o que não acontece por aqui. Mas me explique, afinal, o que é Brahman?

Sidarta – Confúcio, de acordo com a crença local, Brahman é a palavra ritual e mágica que encarna a divindade suprema e que o espírito humano não pode compreender, uma vez que é transcendente. Além da limitação, tudo o que existe tem uma parcela dele, o atman. Portanto, o atman é uma ínfima parcela do Brahman. Há pensadores que se preocuparam com o entendimento do que é o transcendental. A sabedoria védica explica que há três qualidades no mundo material, então como entender o mundo transcendental que está além delas? Se a mente e as palavras são materiais, como então a sabedoria védica pode expressar o transcendental por intermédio delas? O Brahman, a verdade absoluta, não tem qualidades materiais, então, como ele pode ser explicado e entendido? Como pode ser descrito em nossas palavras? Não pode. Ele é a origem de todas as coisas existentes, até mesmo dos deuses. Ele antecede a tudo. É indefinível.

Sócrates – Brahma é o mesmo que Brahman?

Sidarta – Não, Brahma é um dos deuses da Trindade que explicarei oportunamente. Vejo que no Ocidente se confunde uma coisa com outra, mas são dois conceitos diferentes. Quero lembrar que uma boa parte da nossa tradição está associada a mitos.

Sócrates – Como essa palavra "mito" vem do grego "musteion", que significa ficar com os olhos e a boca abertos, há uma associação de mito com misticismo e mistério. Mas mito não é sinônimo de mentira.

Lao-tsé – Já na China, consideramos que o Vazio é mais que um lugar onde são reabsorvidos os seres, é aquilo pelo qual o sopro jorra sempre de novo. Ele permite a mutação, sendo ele mesmo aquilo que não muda. O Tao é a última realidade e, ao contrário do Brahman, pode ser visto, é natural, imediato, observável, dinâmico, cíclico, está sempre recebendo e dando, é o começo e o fim do qual todos nós fazemos parte. A condição primeira para a busca do Tao é colocar-se em disponibilidade, estar livre, de maneira a captar a tênue música que nos vem da origem e que nunca cessou. O Tao é a realidade como totalidade, mas também existem pequenos Taos, ou seja, recortes parciais dessa realidade.

Sidarta – A resposta é que a suprema divindade criou a mente, os sentidos e a vida com o propósito de se perceber a migração de um corpo para outro por meio da liberação das coisas materiais, ou seja, os sentidos podem ser usados para entender essa migração.

Zoroastro – Um instante, então tudo o que existe é intrinsecamente parte da divindade?

Sidarta – Sim, meu caro amigo. O atman é impassível, imutável e eterno. Não deve ser confundido com o eu pessoal, ele faz parte do Brahman. Quando alguém atinge o alto cume do entendimento, ou seja, tem a mente purificada das coisas materiais, volta à sua origem, junta-se à suprema divindade. É preciso estudar a literatura védica, os *Upanishads*, que descrevem os diferentes caminhos pelos quais emanam as qualidades transcendentais da suprema divindade. Assim é possível compreender a qualidade transcendental do supremo absoluto. Para tanto, é preciso se livrar da ignorância, da paixão e do apego. Portanto, a divindade é eterna, sem forma. Há uma energia que controla o universo. O som Om resume a verdade do universo, por isso é proferido no início e no fim dos rituais. Acredita-se que o Om é uma vibração que promove a união do crente com a energia suprema, ou paramatma, a fonte da criação de todo o universo.

Lao-tsé – Ooooooooooooooommmmmmmmmmmmmm mmmmmmmm...

Confúcio – É o mesmo que Aum?

Sidarta – No fundo, significam a mesma coisa. Para alguns, as três letras remetem à Trindade, ao Trimurti.

Sócrates – Na minha terra, também muitos desenvolveram teorias cosmogônicas, aceitas por uns e rejeitadas por outros. Eu mesmo não me preocupo com isso. Estou mais interessado no ser humano, na sua vida interior, sem me preocupar com os deuses. Por causa disso já respondo a um processo no Areópago de Atenas que ainda não sei no que vai dar. Há pessoas nervosas que me acusam de desviar os jovens das crenças tradicionais. Claro que posso enumerar uma série de opiniões de como surgiu o universo de acordo com os filósofos gregos, mas isso me aborrece. Estou à procura de um método novo que me leve a entender a natureza humana, e não a divina.

Confúcio – Como Sócrates, também não sou fundador de nenhuma religião, afinal, se sabemos pouco desta vida, por que nos preocuparmos com a próxima? Mas eu entendo que por esse caminho vamos chegar à conclusão de que os hindus descobriram que o invisível é a causa primeira e estabeleceu as premissas do ritmo do universo...

Sidarta – Exato, a medida são os astros; o alimento, os elementos e toda a comparação se baseia no Sol ou na Lua, no trigo ou no sal. Contudo, a noção de divindade é apresentada sem precisão, dado que o atman só pode ser definido por negação.

Lao-tsé – Eu entendo que a integração do Tao é um não ser. Posso entender então que alguma coisa não é definida pela afirmação, e sim pela negação?

Sidarta – Sim, o atman, parte do divino, é inatingível, é indestrutível e não se prende a nada. É inacessível a todo o sofrimento e inquietude, uma espécie de subconsciente primordial. O atman está além da consciência humana e só pode ser atingido pela meditação intuitiva, ou pela concentração da mente, ou pelas práticas do yoga. Eu opto pela meditação intuitiva, que tenho praticado recentemente nos meus retiros espirituais. Não se sabe quem descobriu essa forma de meditar, mas essa experiência pessoal abre portas nunca imaginadas por mim. Lembro a vocês que a tradição filosófica daqui exige solenidade, formalidade e impessoalidade. Daí a dificuldade de se compreender nossa religião.

Zoroastro – Bem, sendo assim, posso entender que não há vida após a morte, uma vez que o atman se perde no universo.

Sidarta – Segundo a tradição védica, quando uma pessoa morre, o atman se funde no Brahman, o Absoluto, que pode ser chamado também de éter e preenche todo o universo. Um dos mestres do *Vedanta*, Gaupada, disse que assim como são destruídos os vasos, os espaços que estavam nos vasos são incorporados no espaço total. Assim, o Brahman existe na personalidade humana como a imagem do Sol num lençol d'água. A água se agita ou se corrompe e obscurece temporariamente a imagem que ela reflete, mas sem que a imagem se altere na realidade. Sua origem a impede, salvo nas aparências, de sofrer as modificações que a cercam.

Sócrates – Tenho comigo que boa parte dessa doutrina seria mais compreensível se fosse transmitida pelo diálogo...

Sidarta – Eu concordo. Desde os tempos antigos, o diálogo é uma forma frequente nos *Upanishads*. Alguns dados sobre a ordem cósmica formam um conjunto imponente sobre sua exposição em diálogos célebres como o da prestigiada filósofa Gargi e do brâmane Yajnavalkya. Se me lembro, começa admitindo que as águas são como a trama do universo, porque, segundo os *Vedas*, as águas primordiais simbolizam a matéria. No auge de um diálogo, ela pergunta ao brâmane: "E sobre os mundos de Brahma, com que trama foram tecidos?" Ele responde: "Gargi, não perguntes demais, toma cuidado, porque tua cabeça pode arrebentar. Perguntas além de uma divindade, acima da qual nada mais há a perguntar. Não perguntes demais, ó, Gargi".

Sócrates – Nos diálogos com os meus discípulos em Atenas, não deixo nenhuma pergunta sem resposta. Também gosto de levar meus conhecimentos para as ruas. Sou incansável.

Sidarta – Aqui também somos incansáveis. Os ensinamentos são constantemente repetidos, como o sutra, que diz que a verdade absoluta é a origem de todas as coisas. Tudo o que percebemos emana de Brahman, dado que ele é também o criador da mente e da compreensão, ou seja, precisa da mente para ser compreendido, por isso não é impessoal. Alguns entendem que o homem é a imagem da divindade. Assim, concluindo, quando a mente e os sentidos de uma pessoa são purificados da contaminação material, ela pode pessoalmente entender a origem da verdade absoluta. Em outras palavras, não é possível atingir o conhecimento supremo sem a liberação da mente. A manifestação cósmica por intermédio das três qualidades materiais está em uma jaula construída por uma alma condicionada pela materialidade, que luta pela superação do apego. O Brahman é eterno, pleno de sabedoria e felicidade, mas é a suprema divindade que mora no coração de todos os seres vivos.

Zoroastro – Compreendo neste final de conversa que o propósito da religião é entender deus e revelar seu amor. Que vocês buscam a liberação da contaminação da existência material. Na minha visão, Bem e Mal não são apenas valores morais, como pensa Confúcio. São reguladores da vida cotidiana dos humanos, são princípios cósmicos em perpétua discórdia. Para encerrar, afinal vocês creem no destino?

Sidarta – Vou responder com outro texto da escritura que diz que a divindade é responsável por prover a todos com tudo o que desejam, mas não é responsável por suas alegrias e sofrimentos. Assim como um pai dá vida a uma criança, mas ela age de acordo com os seus próprios desejos. Portanto, quem decide é quem tem consciência da precariedade da vida, e só escapam os animais e as plantas, que não contam com a consciência divina. Todos têm uma alma divina igual à divindade, mas esta lhes é quantitativamente superior. O devoto do sanatana dharma, ou hinduísmo, não tem medo do nascimento, da velhice, da doença ou da morte.

Lao-tsé – Quero esclarecer aos amigos que de fato conheci Confúcio quando ele era jovem. Tentei explicar a ele que a conquista da fortuna só se fazia em proveito dos herdeiros. Nada que exista neste mundo importa. Que a ilusão é constituída das forças yin e yang e dos elementos madeira, fogo, terra, metal e água. Foi isso que nos separou, ainda que amigavelmente.

Confúcio – É verdade. Estou mais preocupado com a parte material da vida, a parte perecível. Por isso estou aqui. Quem sabe mude de ideia. Devemos praticar a virtude pela virtude, como fazemos neste encontro.

Sidarta – Para concluir, quero dizer que no hinduísmo, ou melhor, no sanatana dharma, a realidade imutável está presente em tudo, mesmo no que for transitório. Estou preocupado em definir a busca ariana e a não ariana. Antes que perguntem, tomem o caso de um homem que, sujeito ao nascimento devido ao seu eu, busca o que é igualmente sujeito ao nascimento devido ao seu eu: mulher, filhos, escravos de ambos os sexos, ovelhas, cabras, galos, porcos, elefantes, gado, cavalos e éguas, ouro e prata; e que, sujeito à velhice, ao declínio, à morte, à dor, à impureza, sempre devido ao eu, busca o que está igualmente sujeito a esses estados. Isso é o que chamamos de busca ariana.

Zoroastro – E a busca....

Sidarta – Não ariana? Neste caso, um homem sujeito ao nascimento devido ao eu, mas tendo percebido o perigo no que é igualmente sujeito ao nascimento, busca o não nascido, a mais absoluta segurança contra a escravidão, o nirvana. Um homem sujeito à velhice devido ao eu busca o que não conhece a dor, a mais absoluta segurança contra a escravidão: o nirvana. Um homem sujeito à impureza devido ao eu, tendo visto o perigo no que é igualmente sujeito à impureza, busca o imaculado, a mais absoluta segurança contra a escravidão: o nirvana. Essa é a busca não ariana. Eu mesmo, devo confessar, até recentemente, por entender que estava sujeito ao nascimento devido ao eu, buscava o que estava sujeito ao nascimento. Mas parei para pensar: por que, sujeito ao nascimento devido ao meu eu, busco o que é igualmente sujeito ao nascimento? E se eu, sujeito ao nascimento devido ao eu, tendo percebido o perigo que é igualmente sujeito ao nascimento, buscasse o não nascido, a segurança absoluta contra a escravidão: o nirvana? E se sujeito à velhice, à morte, à dor, à impureza devido ao meu eu, tendo percebido o perigo no que está igualmente sujeito a esses estados, eu buscasse o que é sem velhice, sem morte, sem dor, sem mácula, a segurança absoluta contra a escravidão: o nirvana? Meus amigos, eis a real razão pela qual abandonei meu lar, para viver sem lar, em busca do que é bom buscando a incomparável vereda da paz.

Heródoto de Halicarnasso – Meus amigos, vamos parar hoje por aqui. Vamos descansar, afinal, vocês ainda estão alquebrados da longa viagem, e eu mesmo estou descadeirado. Acho que é a velhice. Não sei se conseguirei voltar para casa e escrever tudo o que vi e ouvi aqui, contudo, é um grande desafio. Quero esclarecer que, para mim, a longa história da humanidade tem o sentido que é a liberdade do homem progredindo etapa por etapa. Assim, a história das sociedades é feita de choques sucessivos e leva em conta os desafios. A sociedade progride depois de atingir a liberdade completa, e, como se sonha lá em Atenas, o ser humano tem no estado democrático sua forma ideal. Mas não vamos discutir política. Vamos para o alojamento e daqui a dois dias continuaremos nosso encontro, assim teremos a oportunidade de conviver com este povo e conhecer um pouco de sua alma. Se não estiverem muito cansados, sugiro passarmos por alguns templos que vi no caminho. Nada como mergulhar de vez neste maravilhoso mundo hindu, no qual Sidarta é nosso guia.

Zoroastro – Uma ótima ideia, caro Heródoto.

Confúcio, Lao-tsé, Sócrates – Sim, ótima ideia.

Heródoto de Halicarnasso – Só uma última informação, caro persa, devo chamá-lo sempre de Zoroastro ou de Zaratustra?

Zoroastro – Como você quiser, Heródoto. Sou da Ásia Central. Dizem que, quando nasci, não chorei, mas ri sonoramente. Os sacerdotes entenderam que eu seria um contestador do poder vigente, que já perdurava por muito tempo. Assim, tentaram me matar várias vezes. Em uma das tentativas, deixaram-me, ainda bebê, em uma caverna para ser devorado por uma loba, que me acolheu e me alimentou. Muito tempo depois, eu meditava nas margens de um rio quando me apareceu um ser indescritível, tal sua beleza e brilho. Perguntei quem era e ele me respondeu: "Vohu Mano, a Boa Mente". Tinha vindo me buscar. Fui levado a um lugar muito bonito onde sete seres me esperavam. Lá aprendi que poderia anunciar uma mensagem libertadora a todas as pessoas. O Bem, Ahura Mazda, é o deus que tudo sustenta e me escolheu para partilhar sua divindade.

Heródoto de Halicarnasso – Bela história. Vou então continuar chamando-o de Zoroastro. Vamos caminhar um pouco.

A BIBLIOTECA DOS DEUSES

> O homem é feito
> De sua crença.
> E o que ele acredita,
> Ele é
> — Bhagavad Gita

Heródoto de Halicarnasso – Espero que tenham descansado e estejam com disposição para acompanhar o nosso amigo, acho que agora podemos chamá-lo assim, Sidarta Gautama. Antes de prosseguirmos, quero dizer que, como historiador, gostaria de ver os documentos que citarem. Afinal, o que está lá é a verdade. Ainda que não conheça a escrita deste povo, vou tentar decifrá-la. Minha condição aqui é de cronista, mas tenho consciência de que o passado sobre o qual tratamos não está morto, mas, em algum sentido, ainda vivo no presente. Como cronista, vou relatar tudo fielmente; e, como historiador, vou fazer uma interpretação. Passo a palavra a Sidarta...

Sidarta – No hinduísmo, há divergências sobre quais são os livros considerados sagrados.

Sócrates – Não existem livros sagrados. Eu gosto de geometria, poesia, astronomia, aritmética...

Lao-tsé – Concordo. Eu mesmo escrevi o *Tao Teh King*, que é apenas um livro da razão e da virtude. Nele defendo o livre-arbítrio e a responsabilidade do ser humano.

Confúcio – Ser amante do saber é estar próximo do conhecimento.

Zoroastro – Eu discordo. Há, sim, livros sagrados. Eu recebi uma inspiração divina para escrever o *Zend-Avesta*.

Confúcio – Amigos, vamos deixar o anfitrião explicar. Considero que aprender é aprender a fazer de si mesmo um ser humano.

Sidarta – Meus amigos, a tradição considera os *Puranas* como livros sagrados que podem ser elevados ao mesmo nível dos *Vedas*. Atribui-se sua autoria a Vyasa, autor mítico do *Mahabharata*. A linguagem é simples e, em uma sociedade machista e não igualitária como a nossa, se diz que é destinado às mulheres e aos camponeses, os sudras, ou seja, a quarta casta, os destinados aos trabalhos pesados. Teriam se originado dos pés do deus Brahma. Devo dizer que sou contra essa divisão de castas; na minha opinião todos os seres humanos são iguais.

Sócrates – Meu amigo, cuidado com essas críticas... Eu tenho me isentado de criticar o sistema, mas ainda assim na minha cidade me apontam como subversivo. Gosto de falar com qualquer um que quiser me ouvir.

Sidarta – Eu bem sei... os *Puranas* são importantes, porque ensinam a prática e o ritual da religião. Sem os *Puranas*, seria impossível entender a nossa religião, uma vez que lá estão as lendas da criação do mundo, os lugares santos e as peregrinações. São 18 textos divididos em três grupos dedicados às três maiores divindades: Brahma, Vishnu e Shiva.

Confúcio – Da minha parte, a palavra-chave da convivência é a mansidão, e é isso que deve estar nos livros sagrados. "O que não gostarias que fizessem a ti, não faz aos outros." O homem de bem é capaz de ser generoso sem esbanjamento, de ter aspirações sem avidez, de ser um grande senhor sem dar-se ares de importância, de ser imponente sem ser intimidante.

Sidarta – Obrigado, mas quero lembrar que o *Rig Veda*, ou o *Veda das Estrofes*, como já disse, é o mais antigo documento que retrata a nossa tradição. Para vocês, é um pouco complicado seguir sua leitura, são mais de mil hinos repartidos em dez ciclos ou mandalas.

Zoroastro – Posso entender que cada brâmane, ou homem santo, pode dar mais destaque a uma mandala do que a outra?

Sidarta – Sim, cada um se inspira no grupo de ensinamentos que julga mais relevante para sua crença. Geralmente é a devoção a um deus ou a uma deusa que orienta essa escolha, como Indra, Agni ou Prajapati. Esses textos têm grande alcance metafísico, tratam das formas rituais de culto e representam as primeiras especulações do pensamento indiano.

Sócrates – Como sabem, não sou um homem de respostas, mas de perguntas... Meu amigo Sidarta, há divergência quanto à unicidade do *Rig Veda*?

Sidarta – Não, apesar das leituras distintas, ele é uno em suas partes. Segundo os brâmanes, grandes conhecedores do texto, em qualquer parte escolhida existe a mesma substância, as mesmas ideias, as mesmas imagens e locuções. A tradição diz que os sábios são videntes da única verdade e empregam uma linguagem comum para divulgá-la. Acredita-se que os louvores aos deuses, ou os hinos védicos, tenham um poder mágico que se espalha com sua sonoridade. São sempre recitados pelos brâmanes durante os sacrifícios solenes. Assim, por meio da repetição dos mantras, pode-se entrar em contato com a essência das coisas.

Lao-tsé – Meu caro Sidarta, você repete muitas vezes a palavra sacrifício. À primeira vista, imaginava uma cerimônia com mortes e oferendas de animais.

Sidarta – Desculpe-me, vou me referir a essas cerimônias sacrificiais mais vezes ao longo dos nossos encontros. Por exemplo, na última mandala, ou canto do *Rig Veda*, encontra-se o Hino da Criação. O sacrifício é uma pedra fundamental em nossa religião, é o liame entre o ser humano e seu correspondente divino. É um culto liderado por um brâmane. Quero lembrar que os Vedas e outros livros sagrados não foram registrados de uma única vez, já que nesses tempos antigos não existia a escrita. Coube aos brâmanes memorizar e preservar essas verdades eternas e transmiti-las de uma geração para a outra.

Confúcio – Como vocês sabem, sou um verdadeiro rato de biblioteca. No meu país, não saio delas. Consegui uma cópia do *Rig Veda*. Para não aborrecê-los com longas leituras, quero destacar algumas frases de três hinos. Este primeiro é o Hino dos Funerais, do qual, entre outros versos, destaco: "Conjuração à morte para que deixe em paz os vivos, dado que já obteve sua vítima. Vai, ó morto, para a terra, tua mãe, para essa terra tão benfazeja, de imensos domínios, virgem doce como a lã, a quem se dá um rico salário. Recobre-o, ó Terra, com as fraldas de teu manto, assim como uma mãe faz com seu filho".

Zoroastro – Você recita bem, parece um hindu.

Sidarta – Por esses versos é possível avaliar a importância da morte, a cerimônia de despedida do morto e o cuidado com o ritual rígido seguido.

Confúcio – Há também o Hino Cosmogônico, que diz: "Não havia o ser, não havia o não ser naquele tempo. Não havia espaço nem firmamento além. O Uno respirava sem o sopro que se movesse por si mesmo, nada mais existia. Quem sabe, em verdade, que o poderia anunciar aqui a origem da criação? Os deuses estão aquém deste ato criador, quem sabe de onde ele emana?".

Sócrates – Em Atenas, também ouvimos vários pensadores divulgarem suas teorias cosmogônicas, algumas próximas a essa.

Sidarta – Não cultuamos a morte. Uma vez superado o trauma da perda de alguém, almejamos voltar a viver uma vida de alegrias e danças.

Confúcio – O terceiro hino trata do deus primordial, criador do mundo. Destaco este trecho: "No princípio se desenvolveu o embrião de ouro, nasceu e tornou-se o senhor único das coisas. Ele manteve esta Terra e este Céu. Quem é ele para que o louvemos?".

Sidarta – Meu nobre e literato amigo, as crenças aqui são muitas, e também os textos. A origem de tudo é atribuída à divindade suprema, Brahman, que é o nome dado ao conceito de realidade imutável, infinita, imanente e transcendente, ou o princípio divino de todo ser. Esse espírito cósmico supremo, como entendem muitos, é eterno, insexuado, onipotente e onisciente. Ele depois se manifestou nas figuras de Brahma, Vishnu e Shiva. Os três são responsáveis pelo que se conhece de criação, vida e destruição, mas acima deles está a divindade primeira. Ela é a causa original de tudo, a causa de todas as causas. A propósito, o deus Shiva habita o planeta Kailasa; Vishnu, o planeta Bhirgumi.

Zoroastro – Pelo que tenho percebido nos templos aqui em Benares, não só os deuses são adorados, mas também alguns objetos.

Sidarta – De fato, no texto *Yajur Veda* há um conjunto de invocações dirigidas também aos objetos dos cultos e a descrição do que se pode realizar por intermédio deles. Exprimem ainda o efeito que se alcançará pelo rito ou por um voto. Também existem nesse mesmo texto alguns elementos considerados mágicos e outros que são repetições infindáveis de mantras. Um deles é: "Seja-me propício o que ele me concebe".

Sócrates – Fui a um templo com nossos amigos e ouvi alguns cânticos. Do que se trata?

Sidarta – O *Veda das Melodias*, ou *Sama Veda*. A maior parte de suas estrofes veio do *Rig Veda*, e elas são cantadas. Algumas são preces, outras vieram de canções populares que o povo entoa nas ruas, nas feiras, e até os barqueiros as cantam no rio Ganges.

Lao-tsé – Pelo que pude entender, há uma mistura de hinos que ora se referem à filosofia, ora à magia...

Sidarta – De fato, se você observar outro conjunto de textos sagrados, vai encontrar o *Atharva Veda*, que é uma adaptação do *Rig Veda*. Suas preces têm um tom solene e poético de grande beleza. Um dia vocês terão a oportunidade de ouvir o *Hino à Terra*. É um texto muito antigo. Nele estão os elementos

da medicina indiana com fórmulas de cura que vão
de enfermidades a possessões diabólicas.

Zoroastro – Isso me interessou. Você se lembra
de algum?

Sidarta – Há uma estrofe que se refere à febre e diz:
"Tu que tornas amarelos todos aqueles que consomes
como o fogo, pois bem, ó Febre, que te sejas sem
vigor: esconde-te lá embaixo, foge para lá!".

Sócrates – Cada vez mais me convenço de que o
verdadeiro conhecimento consiste em saber que
você nada sabe. Meu compatriota Hipócrates
gostaria de ouvir esse hino.

Confúcio – Na China, temos outros métodos...

Sidarta – Mas o hino de que eu mais gosto é o que
se refere ao nosso planeta, a Terra: "Alta realidade,
lei severa, sacramento fervor, prece e rito sustêm a
Terra: queira a Terra, senhora do que foi e do que
será, preparar-nos um lugar ao longe. No princípio
ela foi uma onda no meio de um oceano, e os
sábios iam ao seu encontro com suas magias. No
mais alto firmamento está seu coração, coração
imortal da Terra envolvido de verdade. Queira a Terra
nos destinar brilho e força num império soberano.
Nascidos de ti, os mortais voltam a ti; és tu que trazes
os bípedes e os quadrúpedes; tuas, ó Terra, são as
cinco raças dos homens, os mortais para quem a luz
imortal se estende sob os raios do Sol levante".

Zoroastro – Já esperava pela comparação com o Sol.

Sidarta – Meu caro persa, é preciso ficar claro
que não atribuímos a nenhum deus a criação do

universo. Mas nossa religião atribui ao deus Varuna a responsabilidade pela ordem do universo. Ele é o deus da ordem cósmica.

Sócrates – No Ocidente, atribuímos aos deuses a criação do cosmos.

Sidarta – Aqui, meu amigo, não temos essa concepção, mas do *Hino a Varuna* destaco: "Ó grande superintendente dos mundos, vê como se ele estivesse bem perto. Quem pensa agora às escondidas, os deuses sabem, eles sabem de tudo. Aquele que está parado, aquele que anda ou corre, que se esconde ou que foge, o que dois homens conspiram juntos sentados".

Lao-tsé – É, portanto, uma vigilância intensa e nada escapa de seu conhecimento.

Sidarta – Exato. Por isso o hino termina com o verso: "As piscadelas dos olhos dos homens são contadas por ele; ele lança as coisas, como o jogador o faz com os dados".

Heródoto de Halicarnasso – Para encerrar, Sidarta, onde entra o controle da mente na sua religião?

Sidarta – Meu caro amigo, vou ter a oportunidade de voltar ao tema. Mas se você ler o *Bhagavad Gita*, há um trecho em que o herói Arjuna diz que controlar a mente é tão difícil como controlar o vento de um furacão. Por isso, muitas vezes a mente é comparada a um elefante enfurecido. Uma das causas é a paixão, e o deus Brahma tem o poder de controlá-la.

Lao-tsé – Por isso acredito que a parte material da vida depende da parte espiritual, e esta volta o

espírito para o Tao, origem do ser e de toda ação.
O que importa é a vida interior. O dia a dia pode ser
traçado por fazer bem aos que me fazem bem
e também por fazer bem aos que não me fazem.

Confúcio – Mestre Lao-tsé, nunca esqueci esse seu
ensinamento e, como se diz por aqui, eu o tenho
repetido como um mantra. Ninguém pode ser sábio
sem ser bom. Por mim, não faço para os outros o que
não quero que façam para mim. O caminho disso é
sabedoria, intrepidez, humanidade e retidão.

Sidarta – Devo dizer a vocês que me encontro em um
estado de busca da minha libertação. Confesso que
ainda não a encontrei, por mais que mergulhe nos
ensinamentos do hinduísmo, do sanatana dharma.
Mas tenho pensado muito em como chegar lá.

Sócrates – Meu caro amigo, você quer se tornar
um deus?

Sidarta – Não, meu amigo, eu não quero me tornar
um deva, nem um gandharva e nem um yakkha.
Antes que você pergunte, são divindades menores.

Zoroastro – Então onde pensa chegar? A Boa Mente
me disse que, se eu quisesse, poderia encontrar em
mim mesmo todas as respostas que tanto busquei.
Ormuz, que tudo cria e tudo sustenta, escolheu
partilhar sua divindade com os seres que cria.
Então, saí como seu intermediário para divulgar
uma mensagem libertadora a todas as pessoas.

Sidarta – Bem, se eu desejasse ser uma divindade,
estaria preso aos fluxos que, se não fossem
abandonados, certamente me tornariam uma

divindade. Os fluxos em mim estão abandonados, extirpados na raiz, tornados iguais a um cepo de palmeira, inexistentes, não suscetíveis de reaparecer no futuro. Da mesma maneira que um lótus azul, vermelho ou branco, se bem que nascido na água, ergue-se quando atinge a superfície acima dela e não é maculado pela água, eu também, embora nascido no mundo, embora crescido no mundo, venci o mundo e permaneço não maculado pelo mundo.

Sócrates – Meu caro, você já fala como se fosse um iluminado, um desperto...

Sidarta – Estou muito longe disso, mas confesso que venho procurando o caminho da iluminação. Vou encerrar por hoje recitando um poema que não me sai da mente:

Os fluxos pelos quais poderiam nascer
Um deva, um gênio do ar,
Um gandharva, ou pelos quais eu mesmo
Poderia atingir o estado de yakkha,
Ou bem ir nascer no seio de uma mulher:
Esses fluxos agora estão por mim
Aniquilados, destruídos, extirpados.

Como um lotús puro, admirável,
Pelas águas não é contaminado,
Eu não sou contaminado pelo mundo,
É por isso, amigos, que estarei desperto.

Heródoto de Halicarnasso – Meus amigos, vamos parar por aqui. Há um convite para acompanharmos a cerimônia de transposição de Shiva para passar a noite com sua esposa Parvati. Pelo que apurei, esse ritual se processa no início da noite e se renova pela manhã, quando Shiva volta para seu altar. Temos tempo de ver a movimentação dos devotos com muitos cânticos, instrumentos musicais e, como sempre, uma multidão. Amanhã prosseguiremos com a nossa conversa.

3

AS DUAS RODAS
DA CARROÇA

**Faça de ti mesmo
o teu próprio suporte,
o teu próprio refúgio.**
— **Sidarta**

Heródoto de Halicarnasso – Espero que tenham
apreciado o ritual da transposição de Shiva e o
caminho de volta para o nosso encontro de hoje,
ainda que a paisagem do Ganges tenha sido a de
uma cerimônia de cremação. Eu anotei tudo o que
vi e, no futuro, quem sabe, eu escreva sobre o ritual.
Não é fácil para um cronista. Aprendi que não se
fazem crônicas sem fazer vítimas, quero dizer, sem

descobrir os personagens, qualificá-los, apurar o que realmente fazem. É um trabalho de apartar a fantasia do real, é o mesmo que separar o joio do trigo e publicar o joio.

Sidarta – Meu caro escriba, o ritual a que você e os nossos amigos assistiram se repete todas as noites e madrugadas, e muita gente passa boa parte da vida juntando recursos para ser cremado à beira do Ganges. Como perceberam, os mais abastados têm o corpo incinerado com madeira de sândalo. É muito caro, mas o perfume do sândalo disfarça o mau cheiro de carne queimada. Os pobres juntam os galhos que podem, já os muito pobres e desqualificados socialmente são abandonados nas estradas. Morrer e ser cremado naquele local é auspicioso, significa a libertação dos ciclos da reencarnação, daí a atração diária de milhares de pessoas. O ritual da morte pode conceder tudo o que um crente não conseguiu durante toda a vida.

Zoroastro – Vi parentes chorando depois que as piras foram acesas. Causou-me espanto saber que o que sobra é atirado no rio. Geralmente as cinzas. Vi também pessoas se banhando nas águas que consideram sagradas e até bebendo a água do rio. As orações e os cantos se estenderam a noite toda, e no dia seguinte já se arrumava o local para novas cerimônias. A impressão é que não param de chegar novos cadáveres para a cremação.

Sidarta – De fato, os rituais de cremação não param. Contudo, lembro a vocês que, quando um crente faz votos formais de renúncia, ele alegoricamente realiza o seu próprio funeral e até assume um novo nome.

Confúcio – Amigo Heródoto, o que mais pesquisou em seu trabalho de cronista?

Heródoto de Halicarnasso – Esta cidade tem vários nomes além de Benares e é considerada uma das sete mais sagradas do hinduísmo – ou sanatana dharma, como aprendi aqui. Um dos nomes é Varanasi. A data exata da fundação de Varanasi é desconhecida, já que as únicas fontes de informação partem das tradições hindus. Segundo os brâmanes, Varanasi foi fundada por Shiva há muito tempo. Em Varanasi, porém, nem todos os corpos passam pela cremação: os das crianças e dos sadhus, almas consideradas puras, são lançados ao rio, não se submetendo às chamas da purificação.

Zoroastro – Pela oportunidade, nós não cremamos os nossos mortos, nem os jogamos no rio, como já vi em minhas andanças por aqui. Eles ficam expostos em torres a céu aberto. Os justos têm o corpo secado ao sol e salvo da destruição; já os injustos são devorados por aves de rapina. Por isso não temos cemitérios.

Sidarta – Meus amigos, hoje quero apresentar a vocês mais algumas características da religião do meu povo e ouvir os seus comentários. Na tradição hindu, religião e filosofia formam dois aspectos inseparáveis de uma mesma coisa. São as duas rodas da mesma carroça.

Sócrates – Em Atenas, temos uma divisão bem nítida de uma coisa e de outra.

Sidarta – Meu caro grego, aqui, religião e filosofia são como as duas rodas da mesma carroça, como eu disse, ou as duas asas de um pássaro: sem uma, a outra de nada serve. A especulação desempenha seu papel, mas sempre associada às concepções metafísicas e cosmológicas. As direções são variadas, mas não são incompatíveis entre si. Há diversos pontos de vista, ou darchanas, como são conhecidas.

Lao-tsé – E qual é a origem desses pontos de vista?

Sidarta – A origem está nos *Vedas*, por isso os darchanas se esclarecem e se completam. São interpretações diferentes do mesmo texto original, concebidas e difundidas pelos sacerdotes em toda a Índia.

Confúcio – Podemos considerar que os *Vedas* são a ortodoxia do hinduísmo?

Sidarta – Sim, esses sistemas filosóficos, ou darchanas, foram concebidos por pessoas consideradas santas, grandes místicos e profundos conhecedores da tradição. Por isso se apresentam como um retorno às formas mais puras da religião. Os darchanas ensinam a sabedoria que conduz ao conhecimento e à libertação. Assim, cada nova teoria é considerada um darchana. Eu mesmo me vejo muitas vezes na meditação buscando uma nova interpretação da vida e do mundo. É certo que há inúmeras teorias, desde as materialistas até as que se baseiam apenas na sensação. Algumas defendem que não existe outra realidade fora dos quatro elementos: terra, ar, fogo e água. Tudo emergiria da fusão deles, e o pensamento seria um simples resultado dessa união: a alma e o corpo idênticos.

Zoroastro – Gostaria que me explicasse melhor a hierarquia dos textos sagrados.

Sidarta – Bem, tudo surgiu dos *Vedas*. Seguiram-se as interpretações diversas ou *Upanishads*, além dos *Bramanas*, nome dado a cada um dos comentários em prosa costumeiramente anexos aos *Vedas*, que constituem parte importante do shruti. Esse é o cânone literário do sanatana dharma, ou hinduísmo. Foram escritos em sânscrito védico, e o período de sua composição é chamado de idade ou período bramânico, que se estende até os nossos dias.

Confúcio – Quantos são os darchanas?

Sidarta – São seis. O primeiro é o vaisesika, cujos ensinamentos pretendem acabar com a dor humana mediante a visão direta, ou melhor, fazendo as pessoas realizarem o seu eu. O vaisesika faz a distinção entre as substâncias físicas, delimita suas particularidades e tem um método próprio. Assim, a matéria se compõe de átomos eternos e indestrutíveis, animados por uma força invisível, o atman, que vai se combinando em estruturas mais complexas até se tornar um corpo material.

Sócrates – Na Grécia, temos teoria semelhante. Eucipo e Demócrito, cogitando a respeito da constituição da matéria, sugeriram que esta seria formada, em seus menores componentes ou constituintes fundamentais, por pequenos corpos indivisíveis que estariam em movimento numa região de vazio infinito. Tais partículas foram posteriormente denominadas de átomos, que, na minha língua, significa não divisível.

Lao-tsé – Isso me lembra que, no Tao, o importante não é tanto atingir a meta quanto saber andar. Por isso dizemos: "Não fixes tua mente numa meta exclusiva, pois estarás estropiado para andar no Tao". A propósito, é aí que se origina a teoria da transmigração da alma?

Sidarta – Sim, a matéria, uma combinação de átomos, junta-se a inúmeros atmans e estabelece o ciclo da samsara, ou seja, o nascimento e morte infinitos. Cada atman tem um manas, responsável por unir a matéria ao espírito. Daí o monismo. Ou seja, não há separação entre corpo e alma, eles são uma coisa só.

Zoroastro – Mas é possível romper o ciclo da samsara?

Sidarta – Segundo a tradição, sim, mas para isso é preciso que o atman se liberte. Ele é o ponto central de tudo e se manifesta nos fenômenos biológicos e da mente.

Confúcio – Diga-me, há como comprovar sua existência?

Sidarta – Segundo os textos sagrados, o atman está no ritmo da vida, nas sensações, nos sentimentos, nos desejos, no movimento do espírito. Por aí vocês podem avaliar a importância do darchana vaisesika. Além dos quatro elementos, surgem mais cinco: o éter, o tempo, a direção espacial, a alma e o espírito, ou entendimento. Só o éter não é atômico, mas o meio de propagação do som. Assim, de acordo com a vontade dos deuses, os átomos se combinam e se dissociam criando e destruindo o universo. Essa vontade divina é o carma.

Sócrates – Mas, afinal, há ou não uma clara distinção entre alma e espírito?

Sidarta – Há. O entendimento, ou manas, é atômico e não é universal, ao contrário da alma, ou atman. É possível concluir que enquanto o atman abraça o mundo, o manas permanece ligado ao eu, à personalidade pensante, ainda que espiritual. Para mim, essas questões são essenciais e tenho meditado muito sobre elas. Divirjo na maneira de estancar a samsara, creio que o caminho seja a meditação, e não as práticas e crenças religiosas. Creio também que o carma é resultado da ação dos seres humanos, e não dos deuses. E estes também estão submetidos a ele.

Zoroastro – O que dizem os outros darchanas?

Sidarta – O segundo darchana é um complemento do primeiro. O ponto central é que apenas o domínio espiritual pode conduzir à libertação da samsara, e ele se obtém pelo conhecimento perfeito. O terceiro darchana é um sistema que reconhece dois planos, o fenomenal, ou prakriti, a natureza universal; e outro transcendental, o espírito, conhecido como purucha. A união dos dois cria o universo e produz individualidades vivas. Daí nasce a dor universal. A salvação, de acordo com esse darchana, consiste em liberar o purucha, a alma, da influência do mundo dos fenômenos. Entre os fenômenos psíquicos está o satva, ou a luz física e espiritual, animada pela energia, paixão, que põe em jogo as atividades na natureza e no homem. Daí nasce o sofrimento.

Lao-tsé – Em sua opinião, o sofrimento é inerente à vida? Não se consegue viver sem ele? O sofrimento é indissociável da existência humana?

Sidarta – Concordo com essa concepção, meu caro filósofo, mas discordo do método de lidar com ela. Estou buscando uma solução definitiva para isso. O raja, a energia, põe em movimento os elementos que impactam o ser humano.

Confúcio – E o quarto darchana?

Sidarta – O quarto darchana é o yoga, que significa a união do ser humano com o universal. Há muitas variantes, e uma delas, desenvolvida por Pantajali, admite o deus pessoal: Ichivara.

Confúcio – Então o yoga pode ser considerado uma prática para obter o domínio ao mesmo tempo psicológico e fisiológico. Faz parte da religião hindu?

Sidarta – Detalhadamente, o yoga comporta a união do finito com o infinito, apela para a energia mental que disciplina o espírito, busca a fusão absoluta do indivíduo no universal, um estado puro em que o ser humano se liberta da ignorância e atinge a realização espiritual suprema. Confesso que pratiquei arduamente yoga, mas até agora não consegui me libertar. Mais uma vez a doutrina recomenda a supressão dos apetites e dos desejos terrestres, e isso constitui a primeira etapa nesse caminho. Contudo, isso não garante ao praticante tornar-se um deus. O mundo fenomenal, transitório, deve sumir gradualmente até atingir o desapego total e, a partir daí, se torna possível uma visão clara do atman, da alma.

Sócrates – Não me parece um caminho fácil...

Sidarta – Não é. O yoga pode ajudar a manter o corpo com saúde, mas enfermidade, ociosidade, dúvida, falta de concentração e, finalmente, o egoísmo e o apego desordenado do mundo estarão presentes. O yogue deve entender que, desde a origem, o mundo dos fenômenos é ilusório e passageiro. Se quiser atingir a libertação, deve controlar a mente responsável pelas cadeias, que nada mais são do que invenções do espírito humano.

Lao-tsé – Ainda faltam o quinto e o sexto darchanas, caro amigo.

Sidarta – O quinto darchana tem o objetivo de estudar os textos sagrados e determinar o sentido exato de certas passagens do ritual e da especulação. Ele é chamado Mimansa, examina os mantras, ou versos, e os *Bramanas*, ou interpretações, para fixar as regras gerais do exercício perfeito dos ritos.

Confúcio – Gosto quando você se refere à rigidez dos ritos.

Lao-tsé – Eu, não.

Sidarta – Meus amigos chineses, o dharma é por excelência o assunto básico deste quinto darchana, que depois trata da importância da noção do ser supremo. O Mimansa desenvolve a teoria da eternidade do som. Ele é ao mesmo tempo a palavra, é como o espaço indefinidamente presente e poderoso. Sem dúvida, um dos pilares mais importantes das religiões da minha terra. O som eterno está para o som empírico como o ser está para sua manifestação.

Sócrates – Os textos sagrados às vezes me parecem ilógicos, difusos...

Sidarta – De fato. Por isso o quinto darchana Mimansa recomenda sempre que a pronúncia e a redação dos textos religiosos sejam perfeitas para sua boa compreensão. Há diferentes classes de mantras, e eles devem ser lidos segundo os ritmos que lhes são próprios. Enfim, ele é uma exegese dos *Bramanas*, assim como o *Vedanta* é dos *Upanishads*.

Lao-tsé – E o sexto darchana...

Sidarta – O último dos darchanas, o sexto, é o último dos *Vedantas*, ou seja, o fim dos *Vedas*. Ele dá sequência aos *Upanishads* que terminam os textos védicos. Estes representam o edifício sobre o qual se apoia o *Vedanta*. E este último é a exegese dos *Upanishads*, do mesmo modo que o Mimansa é a exegese dos *Bramanas*.

Zoroastro – Afinal, o que é o *Vedanta*?

Sidarta – *Vedanta*, como eu já disse, quer dizer a conclusão dos *Vedas*, os textos mais antigos e sagrados. Ele dá sequência aos *Upanishads*, que, por sua vez, representam os fundamentos sobre os quais se apoia o edifício *Vedanta*. Ele é uma revelação divina, um shruti. Os principais ensinamentos do *Vedanta* são conhecidos como Brahma-sutras. Verdadeira doutrina metafísica pura, o *Vedanta* abre horizontes ilimitados às especulações do espírito. Ele é um sistema aberto, e suas perspectivas se desdobram do universo ao infinito. Em outras palavras, o cerne da doutrina repousa sobre a noção de unidade da realidade espiritual e das relações entre o ser supremo, Brahman, e o Eu individual, ou atman. Filósofos entendem que só o uno existe, e o mundo manifestado é uma ilusão, com o que eu concordo, uma vez que o mundo é uma realidade empírica. Assim dizem: se se vive em uma divindade, a·manifestação desaparece; se se vive no mundo, a divindade já não mais existe.

Zoroastro – Essa negação da divindade não tem o meu apoio.

Sidarta – Há sempre um alerta para não se deixar levar pelas armadilhas da mente, como o exemplo da serpente que se ensina aos iniciantes. De noite, um pedaço de corda estendido no caminho se afigura como uma serpente. Com a luz do dia, a ilusão se dissipa e se vê a corda, a serpente já não está.

Sócrates – Isso me lembra a ilusão provocada pela sombra no fundo de uma caverna.

Sidarta – Em resumo, o tema central do *Vedanta* é a relação entre o Brahman e o atman. O eu universal e o eu pessoal. Ou melhor, Brahman é o suporte do universo, assim como atman é o suporte do indivíduo. Há uma distinção entre o Eu, princípio do ser, e o eu individual. O primeiro é transcendente, permanente, imutável, nunca afetado pela individualidade passageira que o reveste. Não se individualiza. Pode desenvolver possibilidades infinitas sem modificar sua permanência. O Eu é o princípio pelo qual existem todos os estados do ser, cada um em seu domínio próprio. Acredita-se que o *Vedanta* conduz à libertação final e é o caminho para se conhecer a antiga revelação do *Veda*.

Confúcio – Não há referências sobre meditação?

Sidarta – Há. Considera-se que a mente é absorvida pelo Brahman, pelo universo, mas que conserva a vigilância completa e se liberta. Nesse processo, mesmo em estado de vigília, ela está isenta de todo o desejo. Com o apaziguamento da inquietude do dia a dia, mesmo possuidor de um corpo físico composto de partes, é ele mesmo sem partes. Assim, a mente se desfaz de todo temor, e a mente se livra de ideias como "eu" ou "meu", ainda que o corpo esteja vivo e atuante na sociedade. Talvez no futuro encontremos uma expressão para definir a meditação.

Lao-tsé – Tenho dúvidas se isso não é o que chamo de Tao...

Sidarta – Meu amigo chinês, para concluir esta nossa conversa, quero esclarecer que, de acordo com os textos sagrados, as energias brutas estão separadas das sutis. As brutas são as da terra, da água, do ar, do fogo e do céu; e as sutis são as da mente, da inteligência e do falso ego. Essas são as oito energias da divindade. A manifestação cósmica é a interação dessas energias, fonte da energia divina. Acreditamos que, depois da dissolução da manifestação cósmica, a energia se mistura com a divindade.

Sócrates – O que significam "os três fogos"? Ouvi você falar sobre eles na praça de Benares.

Sidarta – Os três fogos? Paixão, ódio e ilusão. Quando o espírito é enganado, dominado, obsedado pela paixão, pelo ódio ou pela ilusão, a pessoa escolhe o caminho mau em ação, palavra e pensamento. Após a morte, com a decomposição do seu corpo, ele surge no deserto, no mau destino, na queda, no inferno Niraya. É por isso que esses fogos devem ser evitados.

Confúcio – E quais são, em sua opinião, os caminhos do bem?

Sidarta – A felicidade perfeita é fruto do venerável, do chefe de família e do digno de oferendas. O venerável é o homem que honra sua mãe e seu pai. Esse fogo se reproduz como uma chama perpétua. Por isso é estimado, reverenciado, respeitado e não falha em trazer a felicidade perfeita. Há também o fogo do chefe de família, ou seja, o homem que honra seus filhos, a mulher, sua casa, seus escravos, seus mensageiros, seus trabalhadores. É por isso que, se o chefe de família é estimado, ele não falha em trazer a felicidade perfeita.

Lao-tsé – Mais algum caminho do bem?

Sidarta – O fogo dos que são dignos de oferendas. Eles se abstêm do orgulho, da indolência, suportam tudo com paciência e humildade, cada um domando o seu eu, cada um levando o eu para a obtenção do perfeito Nirvana. Portanto, o digno de oferendas que é estimado, reverenciado, venerado e respeitado não falha em trazer a felicidade perfeita.

Zoroastro – Gosto muito do que estou ouvindo aqui. Entre as divindades que cultuamos na Pérsia está Mitra, um deus benéfico que exerce a função de juiz das almas e tem origem aqui na sua terra. Nós cultuamos Mitra como o Sol.

Heródoto de Halicarnasso – Proponho que a reunião de hoje seja suspensa agora, pois temos ainda muitos dias pela frente e precisamos descansar. Sugiro que tiremos mais dois dias de intervalo para conhecer os hábitos e costumes de Benares. Isso vai nos ajudar a entender melhor o que está sendo exposto aqui. Afinal, só o homem posto à prova é capaz de crescer. Precisamos deixar a zona de conforto, como dizem alguns gurus. Aprendi que nenhum homem é uma ilha em sua totalidade, somos, na verdade, um pedaço do continente. E o que vejo aqui reforça a ideia de que todo ser humano que nasce em uma sociedade, desde os primeiros anos, é moldado por ela.

O DIVINO E OS DEUSES

> Há apenas um bem,
> o conhecimento,
> e um mal,
> a ignorância.
> — Sócrates

Heródoto de Halicarnassso – Espero que tenham aproveitado o descanso para conhecer melhor a terra do nosso gentil anfitrião. Eu mesmo não me canso de anotar tudo o que vejo. Sinto-me nada mais do que um figurante caminhando com dificuldade no meio desse povo. Ainda que eu seja um ser humano, tento ser o porta-voz da sociedade que conheço aqui e procuro olhar tanto o presente como o passado. Sei que os protagonistas são os ilustres amigos, mas me sinto parte da história. Pelo que ouvi até agora, o destino do homem está em sua própria alma. Se me permitem, vou pedir a Sidarta que fale para nós sobre o que entende por divino.

Sidarta – A noção do divino em nossa religião está diretamente associada ao Absoluto, tal como foi revelado no *Veda*. Esse absoluto é o Brahman, que não deve ser confundido com o deus Brahma, uma das três divindades – ou Trimurti, como se diz por aqui. O Absoluto, ou Brahman, também não pode ser definido por quem o espírito pensa, mas não cabe no pensamento de ninguém. É incomunicável. Assim, Brahman é o seu próprio atman, que é anterior a tudo.

Sócrates – Posso entender que Brahman é a causa primeira?

Sidarta – Sim. Brahman é a origem, a causa, a essência do universo, porque tudo o que é, é Brahman. Ele é a pura existência, pura inteligência, pura beatitude.

Confúcio – Eu me sinto à vontade para falar, uma vez que não me considero nem filósofo, nem fundador de religião. Na China, o céu, o governo e o povo são os três poderes supremos. Como o Absoluto é representado na Índia?

Sidarta – Caro Confúcio, é impossível conceber o Absoluto em sua totalidade e em sua verdade. Por isso os crentes tentam encontrá-lo nas manifestações divinas. Ou seja, é uma tentativa de fazê-lo descer ao nível humano, ao alcance do homem. Por isso torna-se Brahma, um deus pessoal em aparência. Assim, não podemos confundir Brahman com o deus Brahma.

Lao-tsé – Faz sentido...

Sidarta – Assim, nos hinos védicos, os deuses pertencem aos astros, à atmosfera, ao solo... Tem nomes e aspectos inumeráveis, o que abrange todas as manifestações do Brahman, de onde tudo surgiu, inclusive deuses, semideuses e demônios.

Zoroastro – Os demônios precisam ser combatidos com a bondade. É preciso se alistar nesse exército para derrotar o mal. Só não entendo como podem ter tantos nomes.

Sidarta – Segundo a crença atual, cada deus personificado pode trazer vários nomes, de acordo com a qualidade ou a atividade pela qual é invocado. Por exemplo, Vishnu, um deus da Trindade, também é cultuado como Krishna, Narayana e outros nomes. O fiel escolhe uma de suas formas, a quem dirige suas preces e cantos. É por intermédio do deus que se aproxima do Absoluto. Tudo é Brahman. Conforme a tradição, quem conhece a verdadeira natureza da suprema divindade se liberta das cadeias da repetição do nascimento e morte e, quando deixa o corpo material, volta para sua origem, ou seja, a origem divina.

Confúcio – Eu estou sempre em busca dos costumes antigos. Empenho-me mais na concepção ética dos

homens, em sua integralidade e universalidade.
O que mais os deuses representam?

Sidarta – Os deuses podem personificar a alegria, a
misericórdia ou a morte. Contudo, qualquer um
pode encontrar o Absoluto dentro de si mesmo,
em seu coração, porque tudo possui uma faísca do
Brahman, o atman. Este representa o eu-mesmo
de cada um, princípio transcendente que jamais se
particulariza. Lembro que Vishnu é o conservador
da criação, por isso o mais cultuado. Sempre que há
algum distúrbio na sociedade, ele encarna, torna-se
um avatar para extirpar o mal. É o poder supremo
e eterno. Teoricamente não tem forma, mas
assume formas diferentes para ajudar os homens a
compreendê-lo. Assegura a ordem no universo e é
onipotente, onipresente e onisciente.

Sócrates – Na Grécia, temos muitos deuses que
habitam o monte Olimpo. Nosso politeísmo é mais
específico. Os deuses não ajudam ninguém, apenas
embaralham os fatos. Envolvem-se até em guerras,
como contou Homero no poema *Ilíada*. Havia um
grupo com os gregos e outro com os troianos. Assim,
a sorte da pobre cidade foi decretada no Olimpo, e
não só no campo de batalha. Imagine um deus que
ajuda a matar uma pessoa...

Sidarta – Meu caro grego, a importância de Vishnu
não para aí. O universo é uma revelação dele, de
onde emanam todas as formas de vida e tudo
o que é material. Há outros deuses, semideuses
e demônios, como eu disse. Alguns brâmanes

difundem para a população que os demônios estão sempre à solta, são muito poderosos, invadem os locais sagrados toda noite de lua cheia e lua nova e destroem o que foi ali colocado para as cerimônias de sacrifício. Os demônios contaminam os locais sagrados com fezes, urina, pus, sangue e o mais que existe de impuro. O *Veda* fala da existência de outros deuses, como Indra, que encarna a força conquistadora e suas proezas, como a morte do dragão que obstruía as águas e a libertação das auroras prisioneiras.

Sócrates – O nosso Héracles...

Sidarta – Sua montaria é um elefante branco e, geralmente, é representado coberto de joias, uma prática muito comum por aqui. Rudar, por sua vez, é ao mesmo tempo Shiva. Seus filhos jovens cavalgam as nuvens e são os portadores das tempestades e chuvas. Agni, deus do fogo, faz a unidade do mundo ao juntar terra, céu e atmosfera. No *Rig Veda* há uma ampla descrição dele. Varuna é o mantenedor da ordem cósmica. Prajapati é pai de deuses e demônios. Há uma série imensa de deuses e deusas que não vou enumerar agora para não cansar vocês, meus amigos. É impossível citar todos os deuses védicos. Quero lembrar que as características humanas estão sempre presentes nos deuses. Por exemplo, Krishna dorme com suas 16 mil esposas e levanta-se bem cedo, antes de o Sol nascer. Dá exemplo a todos quando se banha e imediatamente pratica a meditação sobre si mesmo, afinal, ele é a essência da divindade.

Lao-tsé – Sobre o que Krishna medita?

Sidarta – Sobre o Brahman, já que ele é a suprema essência divina, sobre a refulgência dos raios que emanam de seu corpo e sobre sua essência divina. Ele são três ao mesmo tempo. Krishna é completamente espírito, mas não há diferença entre seu corpo e seu espírito. Ele não é diferente de seus milhões de reencarnações e é plenamente expandido. Seu olfato, paladar e audição são os mesmos. É indestrutível, é a suprema verdade. Por isso não depende de ninguém, ao contrário de nós, que somos mortais. Krishna está além da existência do tempo e do espaço e não é contaminado com a ilusão da existência humana, a Maya.

Zoroastro – Nas minhas andanças de ontem, ouvi falar de uma bebida que é oferecida aos deuses. No Ocidente há um néctar dos deuses. É a mesma coisa?

Sócrates – Seria a ambrosia?

Sidarta – Temos uma bebida sagrada que oferecemos nos momentos mais importantes de uma cerimônia – ou sacrifício, como se diz aqui. É um licor fermentado.

Lao-tsé – Vinho.

Sidarta – Vocês podem dar esse nome, mas é uma bebida divina que confere a imortalidade e foi elevada à consideração divina. É conhecida como soma, o mesmo nome da planta da qual é obtida.

Sócrates – Como Dionísio.

Sidarta – No *Rig Veda* está escrito que a planta soma tem origem terrestre, mas sua verdadeira origem é o Céu, de onde foi trazida por uma grande águia.

Confúcio – Vamos racionalizar nossa conversa, para que alguns pontos fiquem mais claros. Afinal, depois do Absoluto, que como você explicou é a origem de tudo, qual é o papel da Trindade divina a que se referiu?

Sidarta – Vamos retomar. Não esqueçam que Vishnu faz parte de uma Trindade, o Trimurti, os três deuses que repartem as atividades fundamentais que emanam do Brahman. Como eu disse, este é neutro e inacessível. O poder de criar pertence a Brahma, que não deve ser confundido com o Brahman, como já expliquei. Por isso, quando vocês chamam nossa religião de bramânica, estão se referindo ao Absoluto, e não ao deus Brahma. Muita gente faz confusão.

Zoroastro – Eu mesmo fazia... E com quem o deus Brahma divide a Trindade mesmo?

Sidarta – Como já disse, o poder de conservar está nas mãos de Vishnu, o que faz dele o deus mais cultuado. Ninguém quer abrir mão de nada, nem de suas propriedades, sentimentos, vida... Por isso há várias reencarnações.

Lao-tsé – Obedecer ao Tao é manter-se no bom caminho, é estar em harmonia com a lei divina da natureza. Tao significa a lei dos acontecimentos naturais, que ao mesmo tempo regula a ação humana. Amigo, você falou do revelador do universo. Mas e o criador?

Sidarta – É Brahma, mas é pouco reverenciado. A lenda diz que ocorreu uma briga entre Brahma e Vishnu quando crianças. Brahma nasceu de um embrião que tomou forma na mente de Vishnu, e ele aparece no lótus que emana de seu umbigo. Brahma tem um tempo de vida determinado e se dissolve para reaparecer repetidamente, a fim de recriar o universo no processo rítmico do ciclo cósmico. Após a destruição de um universo, Brahma aparece no umbigo de Vishnu e cria um novo universo pronunciando o mantra Om.

Sócrates – A propósito, quanto dura um ciclo cósmico?

Sidarta – É uma conta complicada a que só os brâmanes têm acesso, mas posso dizer que o mundo dura muito. Um dia de Brahma equivale a milhões de anos para nós. Depois da criação, Brahma adormece. Por isso, como eu disse, não é tão cultuado.

Zoroastro – A destruiçao do mundo me faz lembrar a Mesopotâmia e o herói Gilgamesh, que os hebreus chamam de Noé... Eu acredito no fim dos tempos. Tenho passado segredos para os sacerdotes, chamados de magos. Na minha terra, eles recebem a revelação divina, a verdade suprema que me foi revelada por Ahura Mazda por meio do anjo Vohu Manõ.

Sidarta – Só para completar o Trimurti, lembro que Shiva foi criado da fronte do Brahma. É o destruidor. Em outras palavras, atrás dessa Trindade se esconde a concepção de que há um ritmo de criação do mundo no começo de um ciclo, sua manifestação total e seu fim, quando tudo volta à origem ou ao Absoluto, ao Brahman. Nascimento, apogeu e morte, observados pelos sábios na natureza, aplicam-se também ao divino. Os adoradores de Krishna consideram que ele reúne os três poderes, ou seja, ele é a causa da criação, da duração e da dissolução. E que Brahma, Vishnu e Shiva estão reunidos nele, uma vez que é considerado o supremo Brahman. Sua presença faz do impossível, possível. Ele está sempre criando e destruindo as manifestações cósmicas, pois Brahma e Shiva são as causas superficiais dos fenômenos.

Confúcio – A humanidade está continuamente sob influências que emanam das estrelas e da própria Terra... Entrei em vários templos, mas ainda não sou capaz de identificar quem é quem.

Sidarta – Então vamos lá: começando por Shiva. Ele empunha um tridente e usa sempre uma pele de tigre. Tem um terceiro olho na testa que, aberto, pode destruir tudo, até mesmo o universo. Brahma, o criador, possui quatro cabeças e quatro braços, sua roupa é branca e a pele vermelha. Pode ser representado como um velho barbado cavalgando um cisne. Vishnu também tem quatro braços, e uma serpente paira sobre ele. A pele é azulada, porta ornamentos reais e a esposa sempre fica do seu lado esquerdo.

Sócrates – Na Grécia, a convivência entre os deuses não é nada tranquila. Há brigas, ardis, traições e até relações com a vida dos mortais. Enfim, cada um inventa uma nova história que é transmitida oralmente, formando um embrulho difícil de organizar de forma racional.

Sidarta – Aqui também. Contudo, alguns mitos mais populares persistem de uma geração a outra. O deus

Brahma é muito abstrato em seu trabalho de criar e não tem um culto especial como, por exemplo, Vishnu. Benares é totalmente dedicada a Vishnu. Para identificá-lo, quando forem amanhã ao templo que vou recomendar, lembrem-se de que ele aparece com quatro rostos e quatro braços.

Lao-tsé – Como se explica essa representação sem correspondência na natureza?

Sidarta – Cada rosto de Brahma, por exemplo, olha para um ponto cardeal. Cada braço carrega um *Veda*. Vocês vão vê-lo montado em um cisne, como eu disse. Sua origem é confusa, uns acreditam que saiu do ventre de Vishnu, outros dizem que nasceu de si mesmo. Em outro templo, que vou indicar, vocês poderão identificar Krishna por seus ornamentos amarelos.

Zoroastro – E as mulheres? Meus amigos gregos e chineses dedicaram a elas uma posição especial nos seus respectivos panteões.

Confúcio – Eu confio a mulher ao lar, aos cuidados dos filhos, à preparação da comida, uma vez que no meu país vivemos um patriarcado rígido.

Sidarta – As mulheres são conhecidas como shaktis, uma forma da energia que emana dos deuses, como Sarasvat, a shakti de Brahma. Há outras, como Lakchimi, associada à beleza e à fortuna, esposa modelo e serviçal. Ela é uma jovem sedutora representada geralmente sentada em uma flor de lótus, segurando uma cornucópia. Sita, mulher de Rama e Radha, é a pastora preferida de

Krishna. Elas são figuras populares e aceitas como divindades femininas. Em nossa tradição, os deuses reencarnam quando desejam ou para cumprir uma missão em socorro à sociedade. Essas encarnações dos deuses são os avatares, e o número deles é ilimitado. Quando vêm à Terra, são acompanhados de semideuses que compõem sua corte.

Sócrates – Nessa Trindade de deuses, quem é o mais importante? Na Grécia, sem dúvida, é Zeus.

Sidarta – Meu caro ateniense, varia de região para região, de templo para templo, até mesmo de pessoa para pessoa. Há quem entenda que o mais importante seja Vishnu, dado que tem a função de conservador do cosmos e preside os destinos humanos. Há constantes peregrinações a Gaya, cidade onde existe um templo dedicado a Vishnu. Dizem que é um lugar aprazível – um dia gostaria de visitar Gaya. Nesses locais de peregrinação, os brâmanes são chamados de pandit, e os ricos, de acordo com os costumes védicos, distribuem presentes como cavalos, vacas, roupas e ornamentos. Como eu disse, Vishnu é provido de quatro braços que seguram uma flor de lótus, que representa a pureza; uma clava, que representa a força da qual os poderes físicos e mentais derivam; um disco, que é usado como arma contra os demônios; e uma concha. Há rituais em que pela manhã os devotos sopram uma concha em sua homenagem. A concha é o símbolo do poder e da ilusão. Em geral, Vishnu é representado deitado sobre um oceano caótico ou sobre uma serpente de mil cabeças. Até sua montaria, a águia Garuda, é venerada, atribuindo-se a ela o roubo da soma em benefício dos deuses. Numerosas encarnações de Vishnu são cultuadas. Ele aparece ora como um peixe, ora como um javali, ora como uma tartaruga, e se envolve também em ações fantásticas. Sempre vencem os demônios, os asuras. Crê-se que o herói do poema épico *Ramayana*, Rama, esposo de Sita, é uma de suas encarnações.

Confúcio – Fui a um templo aqui em Benares onde recitam o *Bhagavad Gita*, mas não ouvi falarem Vishnu.

Sidarta – Nesse poema o personagem é Krishna, considerado a encarnação total de Vishnu. Seus poderes, segundo seus seguidores, são surpreendentes e ele participa de aventuras extraordinárias. Jovem quando pastor de gado, aparece nas imagens dos templos tocando flauta para pastoras que dançam alegremente. Krishna e Rama são avatares de Vishnu, que é representado em um templo no Himalaia como um grande falo, símbolo da reprodução. Segundo a tradição, Krishna é responsável pela riqueza, força, fama, beleza, sabedoria e renúncia. Tem o poder de orientar as pessoas perdidas entre a dualidade e a ilusão da vida material e livrá-las do medo do ciclo de nascimento e morte. Krishna tem o poder de viajar para qualquer lugar no espaço e para qualquer sistema planetário do universo.

Lao-tsé – Um momento, você disse que Vishnu é representado por um falo?

Sidarta – Sim, sei que isso não é comum nas religiões de onde vocês vieram, mas a sexualidade tem papel importante em vários segmentos religiosos da Índia. Vishnu representa um salvador, porque em cada um de seus avatares ele recupera as coisas que pareciam irremediavelmente perdidas, tragadas pelo indiferenciado. Krishna, segundo a tradição, age como um ser humano, mas sempre mantém a identidade suprema da divindade. Ele tem origem no majestático Vishnu de quatro braços que se tornou um bebê. Krishna matou vários demônios e só depois revelou à mãe sua identidade divina, mostrando a ela que todo o universo flutuava em sua boca. Há muitos outros atos heroicos atribuídos a ele: como dominou a serpente Kália dançando em suas inúmeras cabeças e como salvou seus amigos de um incêndio na floresta. Dizem que Krishna casou-se com mais de 16 mil rainhas e com elas vive em seu palácio. Vou falar mais dele ao longo de nossos encontros.

Zoroastro – Bem, para eu não me perder na explicação, quem é mesmo a terceira divindade da Trindade, ou melhor, do Trimurti, como você nos ensinou?

Sidarta – O terceiro é Shiva, que representa o nascimento, o desenvolvimento e a morte. Assim, retomando, cabe a Vishnu maior importância, pois ele cuida do dia a dia, da vida, da natureza e do cosmos. Brahma está restrito à criação. E o terceiro, Shiva, é o aniquilador. Juntos representam o ciclo de nascimento, crescimento e morte, como já expliquei.

Shiva destrói para que tudo possa ser reconstruído, ele destrói a multiplicidade do mundo criado para recriar a unidade. É por isso que o associam ao Tempo, aqui conhecido como Kala. Shiva constrói e destrói sem cessar, ou seja, tudo se mantém em constante transformação, em um equilíbrio dinâmico, contínuo, eterno. Curiosamente, ele é também entendido como um reparador, e por isso as pessoas recorrem a ele em caso de perigo. Na mitologia, ele salvou o mundo quando engoliu o veneno lançado pela serpente Vasuki, mas sua garganta ficou azul. Shiva salvou o mundo. Seus cabelos foram responsáveis pela barragem imensa que impediu uma grande inundação do Ganges. Ele é o deus da vida, da procriação.

Confúcio – Parece-me que em cada região da Índia se dá mais importância a um do que a outro.

Sidarta – De fato, Shiva é um deus asceta, deus dos yogues, para os quais ele é considerado um guia. É responsável por conduzi-los à consciência da unidade. Por isso é chamado de Maha Yogue, ou seja, um modelo a ser imitado. Aparece representado com um terceiro olho na fronte e, segundo se acredita, apareceu quando sua esposa, Parvati, tapou seus dois olhos com as mãos. Talvez vocês estranhem que ele seja representado com muitos braços e dançando, uma imagem de vários símbolos esotéricos. Shiva é considerado o mestre da energia, que se manifesta em três qualidades: virtude, paixão e ignorância. Seus adeptos entendem que a missão da vida é ser transcendente nessas três qualidades.

Lao-tsé – Também tem montaria como os outros?

Sidarta – Sim, um touro branco. Só para lembrar, Shiva pode ser representado por quatro, oito ou dezesseis braços, basta percorrerem os templos para constatar. Contudo, só os dois inferiores representam a benevolência e a salvaguarda. Ainda sobre as deusas, além da esposa Parvati, há também Káli, a Terrível, representada com traços medonhos, nua, negra, com um colar de cabeças humanas. Sua energia é capaz de criar a paz quando é aniquilada a ignorância, visto que o coração se torna puro. Assim, ela pode ser ao mesmo tempo louca e equilibrada, irada e calma, raivosa e mansa.

Sócrates – Como toda mulher...

Sidarta – Não vou entrar nessa polêmica, meu caro grego. Pelo que vocês podem constatar nos templos que têm visitado, nós damos um aspecto humano às imagens, pinturas e estátuas dos deuses, ainda que haja zoomorfia. Todos os deuses e semideuses são sobre-humanos, e a representação disso se exprime pela quantidade de braços suplementares. O terceiro olho é também um sinal de divindade.

Zoroastro – Como podem acreditar em deuses zoomórficos?

Sidarta – A crença vem de tempos antigos. Alguns deuses são originados em histórias fantásticas, como Ganesha, um deus com cabeça de elefante muito querido pela população.

Zoroastro – Isso é comum na Mesopotâmia e no Egito.

Heródoto de Halicarnasso – O Egito é um presente do Nilo!

Sidarta – Ganesha, considerado o chefe das tropas divinas, é filho de Shiva e Parvati. Representa o espírito do sacrifício, da perseverança e devoção. Vocês devem ter visto muitas estátuas dele nas casas aqui em Benares. Também nos templos, árvores e encruzilhadas. O elefante é o emblema da sabedoria e da força. Em suma, em nossa tradição, apenas um grau separa um animal de um ser humano na evolução. Por isso vocês viram o respeito que todos aqui têm com os animais. Acreditamos que um dia vão se transformar em seres humanos. A vaca merece uma consideração especial, como sabem. E, antes que perguntem, o deus elefante Ganesha também tem montaria, um rato.

Confúcio – Um rato? Logo o rato, que é lembrado como um inimigo do elefante!

Sidarta – Ganesha está muito próximo dos devotos. Vejam a quantidade de estátuas e figuras que são vendidas nas feiras das cidades por onde passaram. Depois do Trimurti, creio que é o mais cultuado. É rara a casa que não tenha um Ganesha. Os seguidores oram para ele quando têm problemas, e ele traz boa sorte para seus adoradores. É considerado milagroso, mas acima de tudo é aceito como o deus da Sabedoria. Não à toa, tem cabeça de elefante, um animal trabalhador incansável, leal, gentil, de grande memória e dignidade. É considerado o verdadeiro rei dos animais.

Confúcio – Pensei que fosse o leão...

Sidarta – Vou citar só mais um deus animal para não aborrecer vocês com uma coleção infindável. O macaco Hanumã também é muito cultuado, entendido como um servo do deus Brahma. Se tiverem tempo, leiam suas aventuras no *Ramayana*. Gostaria de lembrar que, além desses que comentamos aqui, há um panteão de deuses mais ou menos poderosos espalhados por toda a Índia. Ainda são considerados e louvados outros seres sobrenaturais que têm o poder de mudar de forma quando querem e são intermediários entre os homens e os grandes deuses. A tradição ainda faz menção a deuses como serpentes, músicos, dançarinos, ninfas, todos envolvidos em histórias fantásticas. Agem para atenuar esse ou aquele sofrimento humano. O mal só existe na aparência, é uma sombra, um aspecto negativo de um gênio ou de um ser humano qualquer.

Lao-tsé – Vi umas pessoas próximas ao rio Ganges tratando de serpentes.

Sidarta – Mesmo as serpentes são objeto de culto, são respeitadas. Assim, quando mordem a própria cauda, representam a eternidade; quando saem da boca de uma pessoa adormecida, simbolizam a saída da alma do corpo. Árvores e rios também têm sua santidade. O mais considerado é o Ganges, que vocês já conhecem. Ele é considerado santo, uma vez que atravessa a Via Láctea e chega aos infernos.

Por isso o sonho de todo crente é morrer aqui em Benares, à beira do Ganges.

Zoroastro – Uma última pergunta... o que é samadhi?

Sidarta – Samadhi é a meditação, o caminho pelo qual uma pessoa, por seus próprios meios, chega à divindade. Uma pessoa que não se livrou dos seus pecados não pode chegar lá.

Zoroastro – Já disse aqui que, na minha opinião, o Bem e o Mal são os princípios criadores e estruturadores do universo. Eles podem ser observados na natureza e se encontram presentes na alma humana. A vida humana é uma luta incessante para atingir a bondade e a pureza; para vencer Arimã, o Mal, e toda a legião de demônios que querem destruir o mundo criado pelo Bem, Ahura Mazda.

Heródoto de Halicarnasso – Bom, meus amigos, amanhã Sidarta promete nos explicar o que seu povo entende por criação, mas para isso precisamos descansar nossa mente. Anotei nos meus escritos que as três maiores entidades controlam as três qualidades citadas por Sidarta: a virtude, a paixão e a ignorância. Constato mais uma vez que os seres humanos entram em relações definidas e necessárias que independem de sua vontade. Assim como vi em outros lugares, aqui também há uma arena de conflitos sociais, e todos estão submetidos à autoridade local. Estejam certos de que serei fiel ao que disseram, contarei o que contaram. Enfim, foi mais um dia de grande satisfação para mim. Vamos dormir bem.

5

A CRIAÇÃO DO HOMEM E DO UNIVERSO

**Deus não existe
Nem inexiste.
Embora residindo
Em todas as formas,
É ele sem forma.**
— **Bhagavad Gita**

Heródoto de Halicarnasso – Os homens fazem sua própria história, mas não a fazem como querem; não a fazem sob circunstâncias de sua escolha, e sim sob aquelas com que se defrontam diretamente, legadas e transmitidas pelo passado. Lembro a vocês que a história não é apenas uma porção de fatos e datas. É um processo que evolui no julgamento dos fatos. Portanto, o que tenho anotado, mais cedo ou mais tarde, vai ser julgado por quem ler o que vocês disseram. Eu mesmo tenho sido criticado por exagerar na extensão das minhas viagens pelo mundo e nas fontes que cito em meus livros. Não estamos livres de julgamentos. No futuro, as pessoas vão aceitar ou não tudo isso. Tenho consciência de que é mais fácil enganar uma multidão do que um só homem. Feita esta observação, passo a palavra ao nosso príncipe, ou melhor, ao nosso asceta anfitrião.

Sócrates – Se me permite, antes quero registrar que não é possível conceber um movimento espiritual isolado no tempo e no espaço, como me parece o empenho de nosso anfitrião.

Zoroastro – Dada a proximidade geográfica da minha terra, às vezes tenho a impressão de que as concepções atuais aqui são tão antigas que se perderam no tempo, se misturaram e estão sofrendo de uma esclerose religiosa. Aquele que semeia milho semeia a religião. Não trabalhar é pecado.

Confúcio – Meu caro Sidarta, é possível dizer que você é um herege, considerando os comentários críticos que já fez.

Sidarta – Não é justificável entender minhas observações como heresias, não estou propondo uma descontinuidade agressiva do que se faz por aqui. E, como disse, na minha terra não há heresias.

Lao-tsé – Está bem, Sidarta, o que tem a nos ensinar hoje?

Sidarta – Hoje vou explicar como a nossa tradição entende a criação do homem e do universo.

Certamente os meus amigos têm suas próprias ideias a respeito do tema, mas vamos trocar informações no correr deste nosso novo diálogo. Para nós, há uma substância única que anima o ritmo único de harmonias preestabelecidas. Com isso, explicamos a existência tanto do universo como do ser humano. O cosmos e o homem têm a mesma origem. O corpo humano corresponde à Terra, a palavra ao fogo, o ar ao sopro e o olho ao Sol. Os deuses formam em seu conjunto o corpo celeste, por isso o corpo humano é a imagem microscópica do grande corpo divino.

Sócrates – Mas como se explica a criação? Afinal, também a alma, se quiser conhecer a si mesma, terá de fixar uma alma, a sapiência ou qualquer objeto semelhante.

Sidarta – A criação é uma simples passagem do não manifesto ao manifesto, do múltiplo ao uno. Na minha concepção, prefiro dizer que tudo está no vazio até se manifestar; sem o vazio nada existiria. Nossa tradição entende que o ritmo da vida e o ritmo da morte se assemelham ao grande ritmo cósmico, e tudo é uma manifestação do Brahman. Com uma única respiração, ele cria o universo e ao mesmo tempo o aniquila e o absorve em si mesmo. Dessa forma, o Brahman respira eternamente criando e destruindo o universo sem parar, como assim foi associado ao Trimurti.

Confúcio – Um momento... o nome bramanismo vem do Brahman ou do deus Brahma?

Sidarta – Bramanismo é mais uma das denominações da minha religião.

Zoroastro – E como se iniciou o processo da criação?

Sidarta – Inicialmente, sob o aspecto da ignorância, do não conhecimento, que é eterno e oculto. Na primeira etapa, desponta a essência o ego. Deste emerge o espírito, ou a consciência do eu individual. Depois desponta o elemento material, imponderável, que cobre o espaço. Os gunas trazem consigo as qualidades da substância primordial, ou seja, o princípio luminoso, afetivo, impuro e tenebroso. O Brahman permanece oculto no início de tudo, quando o mundo dos nomes e das formas, ainda virtual, se acha no estado de sono. Ele é a causa primária. No instante seguinte, ele é o Brahman manifestado, é o efeito. Esse jogo de causas e efeitos é o movimento cósmico. Na eternidade, alternam-se o Brahman manifesto e o Brahman oculto. Essa dissolução universal mostra que todos os efeitos são irreais, já que são reabsorvidos por suas causas.

Sócrates – Mas, afinal, o que modela o universo?

Sidarta – Segundo a tradição, a substância infinita é a vida, ela molda o universo. Ela evolui até o estado de homem e de deuses; até mesmo uma pedra vive, sofre e morre. A força que age na vida é o prana, energia. Em outras palavras, a matéria não é mais do que a energia em movimento, a energia que se diferencia. Há claramente uma concepção evolucionista. Assim, quando o ser humano evolui e compreende o caráter ilusório da matéria, ele se liberta e pode pôr um fim ao ciclo de nascimento e morte. Ele toma consciência de que faz parte do Brahman e se esforça para voltar a ele. Há quem considere que a causa primeira da manifestação cósmica não deva ser atribuída a Brahman, mas à suprema divindade. Como veem, há inúmeras interpretações, algumas aparentemente contraditórias.

Confúcio – Posso então entender que há um caráter ilusório da matéria?

Sidarta – Sim, chamamos de Maya. É o véu que oculta a realidade absoluta. Por isso cremos que o surgimento e o desaparecimento do mundo são um ciclo rítmico. Cada período entre uma criação e outra se chama kalpa, que tem a duração de uns cinco milhões de anos. No período final do ciclo, ou Kali Yuga, grande parte do dharma da idade de bonança se desfaz e por isso teme-se um período de guerras, fome e outros flagelos. O fim do ciclo é a grande dissolução, quando tudo será reabsorvido pelo Brahman, por ser um processo involutivo até a eclosão de outro ovo cósmico.

Lao-tsé – É possível que no futuro outros pensadores desenvolvam esse conceito. Afinal, é possível dividir esses períodos em idades?

Sidarta – Sim, meu amigo. A primeira é a Idade do Ouro, em que há harmonia e desenvolvimento humano. Em seguida, uma quebra da harmonia traz a idade em que começa a desagregação, mas os seres humanos tentam manter a harmonia pela força de vontade individual ou coletiva. Depois, sobrevém uma era de ainda maior desagregação por motivo de ordem intelectual. Finalmente, a quarta e última é a Idade do Ferro. É a era da ignorância, quando toda a harmonia se dissolve. Contudo, é dentro dela que ocorre a gestão de uma nova Idade do Ouro. Isso acontece até a grande dissolução, quando desaparece toda a criação, incluindo Vishnu e Shiva. Concluo que, por mais que na batalha se vençam um ou mais inimigos, a vitória sobre si mesmo é a maior de todas as vitórias.

Sócrates – Sábio é aquele que conhece a própria ignorância.

Confúcio – Mas, Sidarta, é possível conquistar essas vitórias sem a ajuda dos deuses?

Sidarta – Na minha opinião, sim. Mas, para a maioria das pessoas, é preciso contar com a ajuda dos deuses. Uma das missões de Krishna é matar os demônios que perturbam a paz da sociedade. Os demônios sempre criam distúrbios, e os deuses os combatem para que a paz se espalhe sobre o mundo. Afinal, precisamos entender que todas as coisas têm um começo, se expandem, se deterioram e finalmente desaparecem. Por isso ninguém deve se apegar a coisas perecíveis. Isso não quer dizer que as pessoas não possam viver felizes no mundo da impermanência, mas o apego é a causa do sofrimento. Assim, é preciso entender que todos nascem no mundo material, são contaminados com os desejos e estão submetidos às leis de nascimento e morte, aborrecimentos e felicidade, perdas e ganhos.

Zoroastro – Há quem atribua a Krishna a origem do cosmos...

Sidarta – Segundo seus seguidores, todas as forças, inclusive as forças materiais, emanam da energia de Krishna. Ele é considerado a causa suprema da criação, conservação e dissolução de tudo. O *Bhagavad Gita* afirma que quem, no momento de sua morte, dirige o pensamento a Krishna entra imediatamente no reino dos deuses. Ele é absoluto e por isso pode dar a salvação a todos, sejam seus amigos ou inimigos. Seus seguidores também são adeptos do banho no Ganges e acreditam que com isso ficam livres dos pecados e das punições. Há uma prece que diz: "Meu querido senhor, você é o supremo mestre de todo o mundo. Por favor, aceite-me a seu serviço e livre-me de toda contaminação. Você pode me purificar, porque se alguém se dedica espontaneamente a seus amados serviços imediatamente se liberta de todas as amarras descritas originalmente nos *Vedas*...".

Lao-tsé – Qual o significado do cisne que aparece nos textos?

Sidarta – De fato há um texto que se refere ao supremo cisne. Diz que ele é capaz de obter leite de uma lagoa, desunir o leite da água, assim como uma pessoa pode separar sua porção espiritual da parte material ou viver sozinha dependendo apenas do supremo espírito, e não do mundo material. Uma pessoa que atinge esse estado é considerada um iluminado, ou paramahansa, como se diz por aqui. O cisne supremo só aceita vinculação com os devotos considerados dedicados e rejeita outros muito ligados ao mundo material, que não entendem o que o iluminado significa. Os que se abrigam no conhecimento e na santidade de um paramahansa completam com sucesso sua missão na vida.

Zoroastro – Para mim, nossa missão nesta vida é falar a verdade, cumprir o prometido e não contrair dívidas. O homem deve tratar o outro da mesma forma que deseja ser tratado, por isso minha regra de ouro é "Age como gostarias que agissem contigo".

Sócrates – Concordo, meu caro observador dos astros. Mas, pelo que pude entender, essa distinção entre os devotos de que fala Sidarta deixa alguns mais próximos da salvação do que outros.

Sidarta – Sim. E isso é expresso em um texto que diz que a liderança divina está no seio do coração de um devoto. Dá a ele a direção correta, com a qual ele pode voltar rapidamente para casa, ou seja, voltar ao encontro com a divindade. Somente esses devotos podem apreciar a existência da divindade em seu coração. Para o não devoto, a divindade é apreciada somente no momento da morte, e não ao longo de toda a vida. A diferença é a mesma entre um gato que carrega seus filhotes na boca e outro que carrega um rato. Este experimenta a morte, aquele sente a afeição maternal. Os descrentes entendem

100

a presença da divindade como a morte, enquanto os devotos sentem a presença da divindade sempre no coração. Os ateus simplesmente entendem que as atividades materiais não são capazes de alcançar o entendimento divino, ao passo que os crentes podem sentir a mão e a presença divina a todo instante na natureza material.

Confúcio – E na filosofia existem escolas...

Sidarta – As escolas filosóficas estão relacionadas com a religião, e toda divergência dos cânones está afetada pela contaminação da alma e da inteligência pela existência material. Assim, os filósofos são considerados pais de teorias especulativas, uns mais aceitos do que os outros, mas não há perseguição contra quem quer que seja. De forma geral, a maioria da população aceita e entende que tudo é uma manifestação do supremo Brahman. Há um ditado que diz que aqueles que gostam de ouro não rejeitam nenhum ornamento feito desse material, pois os artefatos podem apresentar formas diferentes embora tenham a mesma origem. O mesmo vale para as almas; por mais que sejam diferentes umas das outras, todas são acolhidas pela suprema divindade porque têm a mesma essência. Não se esqueçam: tudo é Brahman.

Lao-tsé – Pelo que ouvi até agora, parece-me que a doutrina vigente nesta sociedade não se preocupa com o sofrimento humano. O bramanismo, que entendo como uma evolução do antigo vedismo, nunca considerou a transmigração como uma eterna repetição, tampouco considerou que o fato de que existir constitui em si o preço cruel de pertencer ao mundo terrestre divino ou infernal.

Sidarta – Essa é a minha principal diferença com as religiões atuais. Passo horas e horas meditando sobre onde está a origem do sofrimento, mas até agora ainda não cheguei a uma conclusão.

Heródoto de Halicarnasso – Nas minhas anotações, o que dizem me parecem verdades ora científicas, ora religiosas. Contudo, não posso esquecer a vida nesta sociedade, uma vez que a pena mais amarga entre os homens é ter muito saber sem o poder. Por isso não vou acrescentar opinião ao que disseram. Tanto a verdade científica como a religiosa são difíceis de derrotar. Para suplantar uma verdade científica, são necessários novos experimentos. E uma verdade religiosa pode ser suplantada por uma nova religião, com suas verdades. Aí entramos no campo da crença, que é individual e um direito de todo ser humano: crer ou não, aceitar ou não. Vou tentar transformar o depoimento de vocês em história, e sabem que ela tem como meta a construção da verdade. Isso não quer dizer que a verdade possa ser atingida. Vamos todos ser julgados pela opinião dos que nos sucederem e, ao contrário do que parece, a opinião não afasta pessoas, mas aproxima. Diante disso tudo, acho melhor me preparar para a reunião de amanhã. Confesso que estou inebriado com a riqueza de sabedoria e a diversidade de ideias. Uma curiosidade, Sidarta, qual é a origem de seu nome?

Sidarta – Quer dizer "aquele que cumpre". Meu patronímico é Gautama. Meu pai, Sudodana, foi o responsável pela escolha de meu nome.

Heródoto de Halicarnasso – Tenham uma boa noite, amigos!

6

O HOMEM É AQUILO QUE PENSA, O HOMEM É O QUE FAZ

O rio atinge os objetivos porque aprendeu a contornar os obstáculos.
— **Lao-tsé**

Heródoto de Halicarnasso – Hoje quero abrir nossa reunião com uma explicação. Na condição de historiador, não faço juízos morais sobre o que ouço aqui. Apenas anoto as questões morais que são importantes para a compreensão do meu relato. Em outras palavras, quero dizer que não sou um juiz. Já tive oportunidade de fazer leituras públicas em Atenas e lá recebi críticas e apoio. Contudo, a história não estuda somente fatos materiais e as instituições, mas a alma humana. A história deve propor-se ao conhecimento daquilo em que essa alma acreditou e pensou, e no que sentiu nas diversas idades da vida do gênero humano. Sidarta iniciará o encontro de hoje falando sobre carma.

Sidarta – Vou descrever como os seguidores da minha religião entendem o que é carma. Sei que isso interessa muito a vocês, pois não me consta que outra tradição religiosa o tenha como um dogma. O sanatana dharma, o hinduísmo, entende carma como dogma. Eu pessoalmente tenho uma explicação que diverge disso, mas deixo para explicá-la posteriormente. Carma é o princípio da causalidade que preside os destinos humanos. Todo ato, todo pensamento produz um efeito. A pessoa responsável vai ter que prestar contas um dia de seus atos e pensamentos, seja nesta vida ou na próxima encarnação. Essa energia não se perde no cosmos e ninguém pode evitar esse encontro.

Sócrates – Posso entender que uma pessoa já nasce condicionada pelo carma?

Sidarta – Sim. Porém, no meu ponto de vista, é possível durante a vida, por meio de atos e pensamentos, torná-lo bom e limpar o carma de ações que prejudicaram outros seres. A tradição local acredita que é impossível provocar alguma causa sem gerar consequências. Em outras palavras, o homem é aquilo que pensa e o que faz. Assim, a vida atual condiciona a vida seguinte.

A consciência é uma memória cármica que contém o espírito consciente superior. A alma consciente encarnada é uma faísca do fogo divino. Está escrito no *Bhagavad Gita* que todos receberam uma alma inteligente e que graças à suprema divindade têm inteligência e esquecimento.

Zoroastro – Um fardo tão pesado como esse não pode levar uma pessoa à loucura e mesmo a cometer suicídio para escapar da responsabilidade de responder por tudo o que praticou?

Sidarta – Por isso é que nossa tradição considera o suicídio um ato de suma gravidade. É preciso suportar o carma, e não fugir dele. A vida é uma oportunidade de aceitar e corrigir as dívidas contraídas na vida anterior, apagando em si a sede de existência a fim de não criar outro carma. Se não, terá que voltar para pagá-lo. O carma se contrai somente em vida, e sua destruição é o caminho para escapar do ciclo de nascimento e morte.

Lao-tsé – Não podemos exigir que os outros sejam como queremos, nem nós somos. Aquele que tem poder sobre os outros não consegue capacitar a si mesmo. Caro Sidarta, o carma é sempre individual?

Sidarta – Na lei cármica, admite-se a noção do carma coletivo, que pode ferir um povo, uma família ou qualquer sociedade humana caso haja uma ação favorável ou funesta que pese sobre a existência comum em consequência de uma ação cometida pela comunidade numa existência anterior.

Confúcio – Você concorda com isso?

Sidarta – Não, pessoalmente entendo que o carma é individual; questões coletivas não fazem parte do ciclo de nascimento e morte. A lei do carma determina fatalmente a lei de reencarnação, já que a essência individual vai ter que voltar para liquidar o saldo do seu carma. Assim, segundo os textos védicos, essa essência nasce e morre grande número de vezes. Segundo o *Bhagavad Gita*, a alma encarnada rejeita os corpos velhos e reveste-se de novos, como um homem que troca uma veste usada por outra nova. A alma reveste-se de capas, que são suas habitações provisórias. Quero dizer que a vida de uma pessoa é uma entre uma série de inúmeras outras, uma provocando a seguinte e dispondo de condições para sanar o carma da vida antecedente.

Sócrates – É a samsara?

Sidarta – Sim. A alma, não podendo voltar ao atman como o corpo, justifica-se nascendo de novo, tendo em vista que tudo o que produz, o seu fruto, nenhum deles pode ser anulado. A samsara não tem começo, mas tem fim quando o carma for compensado. A tradição afirma que o Brahman é o agente da causa ou a causa primeira de toda ação.

Zoroastro – Não me lembro das minhas vidas anteriores, se é que elas existiram.

Sidarta – Existiram, ainda que nem você nem ninguém possa se lembrar delas. O poder de ver vidas passadas e futuras é reservado aos deuses, como Krishna, que diz que conhece todas as suas numerosas vidas. Obviamente, tenho posição crítica sobre uma série de crenças, como a existência do Inferno e do Céu, onde as almas ficariam enquanto esperam nova encarnação.

Confúcio – O carma vale também para os yogues?

Sidarta – Há quem diga que os yogues podem passar desta vida e trocar seus corpos por um corpo divino, ou seja, eles transformariam a substância de seu próprio corpo e reorganizariam suas moléculas. Eu, pessoalmente, não acredito. Seriam seres excepcionais que não só atingiram alto desenvolvimento espiritual, mas também a iluminação. As pessoas que estão imersas neste mundo não conseguem se libertar graças aos seus esforços pessoais, mas sim mediante a dedicação do amor transcendental à suprema santidade. Por isso muitos rezam nos templos, porque é muito difícil adquirir o conhecimento da verdade absoluta. Assim, o conhecimento da suprema personalidade divina e da verdade absoluta só pode ser entendido por intermédio dos atos devocionais, muitos aqui já descritos.

Sócrates – Ocorre intervenção dos deuses para abreviar a quantidade de reencarnações e conduzir a pessoa à iluminação?

Sidarta – Vou citar novamente o *Bhagavad Gita*. Krishna diz: "Tudo o que fizeres, tudo o que gozares, tudo o que sacrificares, tudo o que deres, toda a energia de Tapasya que empregares com a vontade ou com o esforço de tua alma, faz de tudo isso uma oferenda a mim. Assim estarás livre dos resultados bons ou maus que constituem as cadeias da ação, tua alma estará em união com o divino pela renúncia, tu te tornarás livre e chegarás a mim".

Lao-tsé – Entendo que há uma ação dos deuses que muda o destino dos homens, e os devotos chegam mais rapidamente à iluminação do que outros.

Sidarta – Sim, é o que se crê por aqui. A partir do momento que o homem oferece ao divino todas as suas ações, palavras e pensamentos, ele não contrairá mais o carma. É preciso um esquecimento total de si mesmo para que o divino possa agir. Isso só é possível quando os gostos e desgostos pessoais são abolidos. Diante da divindade, tudo pode desaparecer de uma vez para sempre. Isso é conhecido como dharma.

Zoroastro – Sim, o dharma...

Sidarta – Dharma é uma noção fundamental da nossa religião. Está ligado ao carma e, como eu disse antes, o sanatana dharma quer dizer dharma – eterno, ou universal. É a lei da ordem cósmica. É a lei no seu maior sentido. Ao mesmo tempo é uma lei de ordem moral, de mérito religioso, é a pura noção do dever individual. A alma humana obedece à harmonia universal quando cumpre a missão exigida por seu carma; ela aproveita a existência na Terra para se recuperar do malfeito em vidas passadas. Mas se em vez disso liberar o egoísmo, perde a oportunidade de evoluir e vai ter de arcar com as consequências. Por isso o melhor caminho é o dharma.

Sócrates – É possível dizer que o dharma é individual?

Sidarta – Sim, nossa religião acredita que a alma tem um dharma individual que lhe é exigido por sua raça, casta, família e suas aspirações íntimas. Essa definição não me agrada porque segrega os seres humanos. Para mim, todos são iguais e têm a mesma oportunidade de alcançar a iluminação, todavia é assim que se crê por aqui. Cumpri-lo quer dizer escapar do ciclo vicioso de nascimento e morte. O brâmane tem um dharma diferente das demais castas sociais. Seu dharma individual o conduz a uma vida superior, mas há também um dharma cósmico onde repousa o universo. Krishna diz que tudo o que aumenta a devoção a ele é dharma.

Sócrates – Caro hindu, posso entender então que os sacerdotes e os brâmanes são absolutamente desnecessários?

Sidarta – Sim, meu amigo, cada indivíduo deve se ocupar de si mesmo para garantir a beatitude da própria alma. Sei que os brâmanes vão reagir a esta minha concepção, mas é o que eu penso.

Confúcio – A pessoa se orienta às cegas na busca de seu dharma?

Sidarta – Quando abandonei a casa do meu pai, saí em busca do dharma por minha conta e risco. Concluí que é possível trilhar esse caminho, contudo os praticantes da sanatana dharma, do hinduísmo, buscam um mestre espiritual, um guru.

Lao-tsé – Você é um guru?

Sidarta – Já fui, quando me embrenhei na floresta e por lá passei anos me submetendo a todo tipo de prática, algumas violentas como o jejum que me fez chegar à beira da morte, como já lhes contei. Depois concluí que não alcançaria a paz espiritual e abandonei esse método. Os que me seguiam me abandonaram e até me acusaram de charlatanismo. Assim, creio que cada um deve decidir por si se precisa ou não de um guru. Eu mesmo não tenho nenhum. Os crentes acham que o guru é enviado em um momento certo, para que a pessoa seja capaz de entender a mensagem que lhe é dirigida. Cada um tem a própria oração ou o próprio mantra, como se diz por aqui. É uma oração individual ensinada pelo guru e que o crente repete incansavelmente em busca de se tornar um libertado vivo. O guru é um mestre espiritual que deve ser obedecido.

Sócrates – Obedecido cegamente?

Sidarta – Algumas pessoas se deixam conduzir cegamente. Contam que um discípulo perguntou a seu guru o que era a força do amor divino. O guru mergulhou a cabeça de seu discípulo no Ganges e o manteve assim até quase se afogar. Quando retirou sua cabeça para fora da água, perguntou-lhe no que pensara naqueles momentos de agonia: "Todo o meu ser só queria respirar, não podia pensar em outra coisa", descreveu o discípulo. Ao que o guru respondeu: "Quando tiveres a mesma necessidade do divino, estarás livre".

Zoroastro – Nós acreditamos que, nos últimos três milênios, três messias, ou Saoshyant, vão preparar a completude do grande ano cósmico que vem aí.

Portanto, cada fase da história será presidida por um profeta durante mil anos. Vem aí a chegada de um tempo em que os persas serão liderados pelo Grande Mensageiro da Paz, o Salvador do Mundo, o Senhor Prometido, o Shah Bahran. Bem, aqui em Benares, o que é a libertação de que tanto ouço falar nos templos?

Sidarta – É preciso lembrar que há uma identidade da alma individual com o absoluto, com o atman, que é uma parcela do Brahman. Como já disse, a finalidade última é escapar do ciclo de nascimento e morte. O caminho para se chegar lá é liquidar com o desejo. Quando não houver mais desejo, a alma voltará para de onde saiu, do Brahman. Os libertados vivos veem o espírito que tudo penetra e sentem que sua força não vem mais de si, mas do divino. Toda a natureza se torna o seu eu.

Confúcio – Há outros caminhos que conduzem à libertação?

Sidarta – Sim. Um deles, segundo as nossas crenças, é a via dos atos: a observância meticulosa dos ritos religiosos, a realização de peregrinações em espírito de fé e a recitação de preces em horas determinadas. É o que a maioria do povo faz. Contudo, há práticas ascéticas que eu mesmo segui. Os sacrifícios são considerados mais eficazes; a via iniciatória, um caminho considerado mais nobre. Os sacrifícios – ou rituais, como queiram chamar – comportam um aprofundamento da devoção interior, mas divergem de uma seita para outra.

Sócrates – Onde entra o conhecimento nessa prática?

Sidarta – A via do conhecimento consiste em viver a experiência espiritual revelada pelos *Vedas*, ou seja, ver a verdade. É a iluminação que pode invadir subitamente o espírito ou nascer lentamente como um vislumbre interior. Ambos os tipos de iluminação conduzem ao êxtase pela abolição da consciência normal de vigília. Há também outras vias, agrupadas sob o nome de yoga, que vêm de tempos imemoriais. Portanto, há uma miríade de práticas ou caminhos indicados por gurus, templos, mestres, intérpretes da tradição de treinamento espiritual.

Lao-tsé – O que se entende por "cinco elementos materiais", expressão tantas vezes repetida pelos praticantes às margens do Ganges?

Sidarta – São o céu, o ar, o fogo, a água e a terra, e estão presentes em todo o mundo material na forma de uma montanha, um pote, uma árvore ou um brinco. Os cinco elementos estão em todos os lugares em quantidades e proporções diferentes. Vale também para as entidades dos deuses e para uma formiga. Apesar da diferença quantitativa dos cinco elementos, qualitativamente são da mesma natureza. Isso não significa, diz o *Veda*, que todos sejam deuses, mas todos têm a mesma essência divina de um deus. Os semideuses exibem sua categoria de acordo com sua condição atual, e têm uma alma semelhante aos seres humanos e animais. Mas nem todos são louvados, pois são milhares e as pessoas se concentram na suprema divindade.

Assim, apenas as almas libertas podem louvar a suprema divindade.

Confúcio – Vejo que aqui, como na minha terra, todos estão em busca da felicidade. O que dá mais prazer senão aprender alguma coisa para poder vivê-la a todo momento? Ser desconhecido dos homens sem se perturbar, ser um homem de bem?

Zoroastro – Quero dizer que, na minha visão, melhoramos o que Sidarta chamou de carma cultivando virtudes como justiça, retidão, verdade e, acima de tudo, bondade. A prática do Bem leva ao bem-estar individual e, consequentemente, ao bem-estar coletivo.

Sidarta – Para mim, a vida é cheia de sofrimentos. O sofrimento é causado pelo anseio compulsivo das coisas da vida. O sofrimento pode ser interrompido por meio da renúncia a esse anseio.

Heródoto de Halicarnasso – Confesso que para mim, que sou apenas um cronista, muita coisa é difícil de entender. Mas essa conversa entre vocês quatro tem clareado minha mente. O conteúdo prático de absolutos hipotéticos, como liberdade, justiça e direito natural, varia de acordo com a sociedade e a época, por isso reconheço que todos os valores aqui expostos estão historicamente condicionados. Quero deixar registrado que nosso amigo Zoroastro entendeu a história em sua plenitude. Vamos suspender nossa reunião de hoje e sugiro que amanhã Sidarta fale um pouco sobre o yoga.

SENTAR, RESPIRAR E MEDITAR

> Quando vires
> um homem bom,
> tenta imitá-lo.
> Quando vires
> um homem mau,
> examina-te a ti mesmo.
> — Confúcio

Heródoto de Halicarnasso – Há um tempo em que é preciso abandonar as roupas usadas, que já têm a forma do nosso corpo, e esquecer os caminhos conhecidos, que nos levam sempre aos mesmos lugares. É o tempo da travessia: se não ousarmos fazê-la, teremos ficado para sempre à margem de nós mesmos. Quero dizer com isso que a história não dá lições, é incapaz de prever, é subjetiva.

Eu estou aqui interessado em tudo o que ouço e vejo, no que é geral dentro da singularidade desta cultura fantástica. Meu caro Sidarta, um pouco antes de entrar neste prédio onde nos reunimos todos os dias, você falava alguma coisa sobre o yoga. Sugiro que comece por aí.

Sidarta – Pois bem, meu caro cronista, o yoga é um conjunto de disciplinas da mais remota antiguidade, talvez seja mais antigo do que os textos védicos. De acordo com a tradição, é considerado um caminho para a libertação revestido de numerosas formas ou técnicas. É mais uma prática de salvação do que uma filosofia, mas a parte técnica tem papel importante. As diversas teorias ascéticas e suas práticas foram reunidas em um darchana. O yoga é teísta.

Confúcio – Quando não há agitações de prazer, cólera, pesar ou alegria, pode-se dizer que a mente se encontra em estado de equilíbrio.

Lao-tsé – Sidarta, você é adepto do yoga?

Sidarta – De certa forma, todos os seguidores da nossa tradição praticam yoga, eu inclusive. Depois que abandonei as posturas ascéticas radicais, ainda me sento para a meditação dyana, cuja a postura vem do yoga. Ela deixa o corpo mais relaxado e disposto para a prática da meditação. Se quiserem, posso ensinar a vocês, ainda que não sejam da nossa religião. O exercício mais característico do yoga é a disciplina da respiração, que foi concebida com a aplicação de estudos elaborados no *Veda* tardio e professados no *Yajur Veda*.

Confúcio – Você quer dizer que não sabemos respirar? Como estamos vivos?

Sidarta – Sabemos respirar inconscientemente, mas o yoga traz essa prática para o exercício consciente. Segundo seus ditames, o objetivo é o mesmo de outras práticas, ou seja, libertar-se do determinismo da transmigração entre uma vida e outra. O ponto de partida é seguir um treinamento físico bastante severo, que consiste numa imobilidade prolongada com o controle da respiração e a fixidez do olhar. Isso facilita a concentração, condição fundamental para entrar no caminho do yoga, que está em relação direta com o conhecimento. Há uma metafísica que consiste na identificação do conhecimento.

Sócrates – Sidarta, parece-me um sofisma. Por favor, não se ofenda, eu mesmo fui um sofista na minha juventude. Não confie naqueles que elogiam todas as suas palavras e ações, mas naqueles que, como nós, gentilmente reprovam suas falhas.

Zoroastro – Concordo, meu caro grego. Vimos em toda esta região pessoas sentadas ou fazendo exercícios à beira do Ganges. Muitos parecem em transe.

Sidarta – Não é transe, é um estado conhecido como samadhi, quando o praticante chega a estados superiores da estabilidade inquebrantável que o levará à comunhão mística com a essência de sua alma. Há nessa prática o desapego e a supressão das paixões. Os sutras aprofundam o conhecimento do samadhi, descrevem-no e criam uma classificação das funções do espírito. Em outras palavras, samadhi é o ponto culminante do yoga, além do qual está a libertação, como já defini antes.

Sócrates – Uma vida irrefletida não vale a pena ser vivida. Mas, afinal, o praticante permanece consciente ou inconsciente durante essa atividade religiosa?

Sidarta – Há dois tipos de prática, uma consciente e outra não. A estabilidade é provocada por uma suspensão de todas as atividades intelectuais, ou ausência total de conhecimento. A vida psíquica não é totalmente aniquilada, mas reduzida à sua essência inconsciente e permanente, ou melhor, resulta propriamente em uma união de cada um consigo mesmo. É possível que no futuro essa prática tenha outros nomes, quando for levada para outros povos. O inconsciente isolado corresponde ao purucha libertado das impressões mentais, como uma pedra preciosa livre do engaste que a prende em um anel. Há graus no samadhi, segundo o menor ou maior desprendimento das coisas materiais adquirido pelo praticante, o yogue. Esse aprofundamento, como disse, também pode se dar gradativamente com o treino ou de um só golpe para atingir o fim último, a cessação da transmigração.

Sócrates – Para encontrar a si mesmo, pense por si mesmo.

Confúcio – Como tudo por aqui, imagino que devam existir diversos caminhos espirituais no yoga.

120

Sidarta – Sim, porém todos conduzem ao mesmo fim. O guru tem papel destacado nessas práticas, haja vista que é quem conduz os iniciados em várias categorias. É ele que avalia o desenvolvimento espiritual e físico do adepto e estabelece as rotinas a serem seguidas. A regra de ouro é que ninguém pode se aventurar sozinho nessas práticas. E todos obedecem. Eu mesmo, no começo, obedeci e só depois passei a procurar o meu próprio caminho. Há um receituário em que se destacam as virtudes morais, as posições do corpo, o controle da força vital, a separação dos sentidos do mundo exterior, a memória, a meditação e a concentração perfeita.

Confúcio – Aprender é aprender a ser humano.

Zoroastro – Poderia nos explicar um pouco mais sobre as práticas do yoga?

Sidarta – Elas estão descritas em um conjunto de documentos, sutras, sob o nome de *Yogangas*. O respeito a todas as criaturas vivas é um dos caminhos para se chegar à santidade e faz parte do yoga. Caridade e compaixão são as duas rodas que conduzem o praticante. A maneira de se sentar, o ásana, desempenha aspecto importante no exercício de meditação. Acredita-se que as diferentes posturas físicas influenciam tanto o espírito como as funções corporais.

Sócrates – Nos estádios, em minha terra, também realizamos exercícios, porém não têm essa dimensão religiosa.

Sidarta – Aqui consideramos impossível separar

uma coisa de outra. Graças aos exercícios físicos e mentais conseguimos controlar a força vital, ou prana. Essa prática é conhecida como pranayana, com ela dominamos as emoções e as perturbações da alma. É a própria substância do nosso corpo. O prana é considerado o principal agente dos órgãos motores e sensoriais e, com o treino, alguns yogues são considerados portadores de poderes sobrenaturais.

Confúcio – Vi um deles na rua em Benares. Muito magro, estava há longo tempo em jejum e parecia em estado de êxtase. Aparentava mansidão.

Sidarta – Os mestres yogues não recomendam exibições públicas, mas elas acontecem. Eles só revelam suas qualidades para seus discípulos. Como disse, a origem de algumas práticas é atribuída a divindades como Pantajali. Assim, o pranayama se constitui de quatro movimentos: expiração, inspiração, retenção do ar e expiração, quando o yogue ultrapassa os limites impostos. É um exercício interessante e pode ser experimentado por qualquer pessoa. Como são quatro momentos, basta contar mentalmente de um a quatro na expiração, um a quatro na inspiração, um a quatro na retenção e um a quatro na expiração.

Lao-tsé – E o controle da mente?

Sidarta – Há uma prática em que o yogue fecha os sentidos às influências exteriores – muitos usam as mãos e os dedos sobre os olhos, nariz, boca e ouvidos. Em cada ásana, pratica-se a meditação até se chegar ao estágio final, o samadhi, a ponte para se conhecer a verdade. Há diversas escolas de origem antiga divididas em Hatha Yoga, Mantra Yoga, Laya Yoga, Raja Yoga, Bakti Yoga e Jnana Yoga. Segundo os textos, somente depois de passar por todos os yogas é possível praticar o dhyana, a meditação de concentração absoluta. Eu, pessoalmente, discordo. Creio que qualquer ser humano pode praticar o dhyana.

Zoroastro – Posso concluir que o yoga é uma revelação divina?

Sidarta – Certamente. No poema *Bhagavad Gita*, Krishna diz que o yoga é imperecível e que seu conhecimento passou de rei para rei. Mas com o correr dos tempos, o yoga foi esquecido por parte dos praticantes. Shiva deu um recado no *Bhagavad Gita* para seu interlocutor, Arjuna: "Eu revelei hoje para você Parantapa, que é meu amigo, e ele é na verdade o segredo supremo". Assim, o Hatha Yoga é destinado a destruir e a transformar o ser humano, destruir os obstáculos que o impedem de se unir ao Ser Universal para a descoberta de sua própria essência. Yoga pode ser considerado a escola da força por meio de exercícios corporais que provocam o domínio de fenômenos fisiológicos. Nesse momento da prática, o controle da respiração é fundamental. Segundo seus seguidores, há uma fusão entre duas ordens de correntes psíquicas, a absorção e a rejeição, cuja prática cria a vida diferenciada. O Hatha Yoga não está preso a nenhuma seita indiana, mas é um treinamento físico e psíquico simultaneamente, ou seja, segue o princípio de que não existe separação entre corpo e espírito, ambos impulsionados pelo prana, o ar, que contém o princípio da vida. É comum no exercício do Hatha Yoga que os fenômenos psíquicos e somáticos sejam postos em ação conjuntamente. Ocorre o cultivo da ação da vontade sobre o organismo.

Zoroastro – O yogue reza durante a prática, já que o yoga faz parte da religião?

Sidarta – Sim, há grupos em que o yogue deve recitar uma série de orações, ou mantras, por isso ele é chamado de Mantra Yoga. O conteúdo é uma exaltação da consciência do atman. Uma vez adquirido o controle da respiração, o passo seguinte é a fixação do pensamento em um ponto, que pode ser a extremidade do nariz ou um tema qualquer. Com isso se obtém uma atenção total. Essa vertente é conhecida como Laya Yoga. O resultado dessas duas práticas permite que o yogue volte sua força mental para si mesmo e seja capaz de separar o real do fictício, o limitado do ilimitado, o eterno do transitório até o desaparecimento de si mesmo. Essa etapa é o Raja Yoga.

Confúcio – Há algum momento de pura prática religiosa?

Sidarta – O caminhar do yogue passa necessariamente pela devoção à religião e sobretudo ao amor. Seu domínio é o caminho para a exaltação da divindade. Acreditamos que a divindade vai conduzir o yogue para o encontro com o atman por intermédio de uma lembrança contínua, ou Bhakti, daí o Bhakti Yoga. Vemos que essa linha é dualista, uma vez que, em vez de se fundir com a divindade, procura sua presença e vive para adorá-la. Há também práticas monistas como o Jnana Yoga. É uma via para poucos, porque exige muito exercício físico e mental. Pretende habilitar o praticante a escapar à consciência da multiplicidade do tempo, do espaço e da causalidade. Busca obter o conhecimento do Brahman, o Absoluto, mediante o conhecimento do atman. Segundo essa escola, liquidar com as dualidades é a primeira etapa para vencer a ignorância. A disciplina dessa etapa é rígida, e o yogue só se funde com a divindade quando o ego morre. Como já disse, isso só é possível com o fim de todo o apego por intermédio de passos dados com a inteligência e a razão. O yoga é tão poderoso, segundo a tradição, que o herói Arjuna, que citei há pouco, pode viajar para qualquer planeta que deseja com o poder do yoga místico.

Lao-tsé – Caro amigo, o que é exatamente o que chamam de kundalini?

Sidarta – A tradição atribui ao herói mítico Rama e a sua esposa Sita a fundação do Kundalini Maha Yoga, cujo fundamento é acalmar a respiração e recitar mantras sagrados. Acredita-se que essa energia é a parte da alma que surge primeiro e prepara o corpo antes de a alma entrar integralmente nele. Depois que o corpo se forma, a kundalini fica adormecida na base da espinha. Os yogues utilizam-na para alcançar a alma e depois a suprema divindade. É descrita como uma serpentina por causa de sua mobilidade e da maneira como se movimenta.

Sócrates – É mais complexo do que eu pensava.

Sidarta – Os praticantes do Kundalini Maha Yoga creem que a kundalini contém três aspectos da criação: pureza, ou sattva; atividade, ou rajas; e inércia, ou tamas. Também possui os três aspectos da criação de que já falei – criação, preservação e destruição –, além dos três estágios da consciência: a vigília, o sono e o sonho. Os iniciantes tentam chegar à meia espiral, ou turiya, que está acima do nível comum da consciência.

Confúcio – De novo a energia...

Sidarta – A kundalini é a energia matriz que, lenta e gradualmente, conduz o praticante à consciência mais elevada. Cada pessoa tem uma experiência diferente quando acorda sua kundalini. Acredita-se que, uma vez desperta, permanece ativa pelo período de três vidas. Nesse processo, novamente, é importante a orientação do guru. Ele leva o discípulo ao objetivo final e é responsável por ajudar a remover as dificuldades no processo de evolução espiritual. A kundalini é assim entendida neste ou em outros planetas.

Zoroastro – E nós, em que planeta vivemos?

Sidarta – A tradição chama nosso planeta de Jambudvipa. Acreditamos que ele coexiste com muitos outros, separados por imensos oceanos de ar. Cada um dos diferentes planetas tem oceanos e qualidade de ar diferentes. Os deuses atribuem aos oceanos a origem da criação da vida material. Vishnu, por exemplo, descansa no oceano Karapa. Quando ele expira, inumeráveis universos se formam; quando inspira, esses universos voltam para dentro dele. É impossível contar o número de universos existentes, porque estão em constante expansão e contração.

Sócrates – Estranhas ideias... A evolução da vida a partir da água, expansão e contração do universo...

Confúcio – Mais uma vez a energia!

Sidarta – Meu caro e nobre amigo, segundo os *Vedas*, todas as coisas estão impregnadas de energia. Nada é destituído de energia divina. Existe o tempo dentro do tempo, o espaço dentro do espaço, a mente dentro da mente.

Zoroastro – Estou confuso. Ora entendo que o sanatana dharma, ou hinduísmo, é politeísta, ora monoteísta, com uma única divindade responsável pela criação de tudo, inclusive a criação dos deuses.

Sidarta – Não vou opinar sobre questões metafísicas. Meu foco é o mundo real.

Zoroastro – Tudo bem. Como já sabem, sou dualista e atribuo tudo ao Bem e ao Mal. Enfim, estou empenhado em erradicar o politeísmo do meu povo, bem como a magia e o sacrifício de animais. Tento desenvolver uma teologia estruturada. Se vou conseguir, o futuro dirá. Entendo que quem lavra a terra com dedicação tem mais mérito religioso do que poderia obter com mil orações sem nada produzir. Tenho pelo homem do campo um respeito que não vejo por aqui. Na minha opinião, o esforço e o trabalho são atos santos.

Heródoto de Halicarnasso – Um momento, amigos... Acho melhor pararmos por aqui. Confesso que às vezes me perco nas anotações que faço, há muita informação. Aos poucos, os termos ficam mais familiares a mim e com isso espero produzir um texto final que possa ser divulgado para as pessoas comuns. Gostaria de propor que na próxima reunião voltássemos ao tema da morte. Minhas andanças por esta cidade e a presença de crematórios na margem do Ganges provocaram muitas dúvidas.

Sócrates – Caro escriba, você vai ser, de certa forma, o juiz do que dissemos. Lembro as quatro características que deve ter um juiz: ouvir cortesmente, responder sabiamente, ponderar prudentemente e decidir imparcialmente.

Heródoto de Halicarnasso – Anotado, conterrâneo!

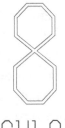

O ETERNO CÍRCULO

**Quem não sabe
o que é a vida,
como poderá saber
o que é a morte?**
— Confúcio

Heródoto de Halicarnasso – Meus caros amigos, percebo que a morte é aceita com conformidade pelo povo hindu. Não vi nada parecido nas minhas andanças desde a minha terra. A religião dá a este povo uma estrutura emocional mais firme para enfrentar a morte. Estou enganado? De certo modo, o destino das pessoas ou é um paraíso ou é a volta à natureza, mas por aqui parece diferente.

Em todas as tradições que conheci, a alma toma uma dimensão imortal. Contudo, o ciclo de nascimento e morte tem espaço muito amplo nesta civilização, maior do que em qualquer outra que conheci. Não há medo da morte e ela não é um enigma.

Sidarta – Bem, nos *Vedas*, a morte se constitui num rito fúnebre, acompanhado de fórmulas religiosas destinadas a impedir que o fantasma do falecido volte à Terra para perturbar os vivos.

Confúcio – Quando morre um amigo, não deixo que os parentes se encarreguem do funeral, quero enterrá-lo eu mesmo.

Sócrates – Aprendemos aqui que para alguns não há alma, não há volta, não há fantasmas.

Sidarta – Para nós, a prática religiosa não é entendida como uma única religião, como já disse. Aparentemente tudo faz parte de uma mesma crença e prática, mas, na verdade, são muitas religiões que se misturam. Daí eu ter chamado a atenção de vocês, pois dar o nome a esse conjunto de hinduísmo, de sanatana dharma, não é adequado. Tanto é assim que, para muitos, depois dos ritos fúnebres, os falecidos ganham morada junto ao deus da morte, Yama, tornam-se seres especiais e entram na imortalidade. A morte, segundo nossa crença atual, é um desaparecimento momentâneo da Terra, a não ser que tenha ocorrido a ruptura do ritmo da transmigração pela libertação desse fluxo na última existência.

Zoroastro – Então quem está liberto toma o caminho dos deuses e não volta mais?

Sidarta – Sim, quem se liberta escapa do turbilhão infernal do ciclo de nascimento e morte, já que seu atman se dissolve na essência sutil universal do Brahman, de onde se originou. Assim, qualquer mortal pode adquirir a imortalidade. Há uma crença de que brâmanes e místicos percorrem até a imortalidade, mas esta não é aberta a todos, ou seja, alguns alcançam mais facilmente que outros o retorno à substância primordial.

Lao-tsé – Você concorda com isso?

Sidarta – Não. Creio que todos os seres têm a mesma possibilidade de chegar ao fim do processo de transmigração por meio da iluminação. Todos são iguais, e as oportunidades também. Diz a tradição que um homem em perfeita consciência sabe que não pode ser mais feliz do que está destinado a ser. Neste mundo material, todos estão destinados a passar por certa quantidade de sofrimento e felicidade. Todos os seres viventes são predestinados a isso. Está escrito no *Bhagavad Gita*: "Um homem que chega ao cume da perfeição se entrega à suprema divindade". Aqueles que atingem esse ponto livram-se completamente dos desejos mundanos, e isso significa controlar os sentidos, que estão sempre em busca de riqueza material.

Sócrates – Tive oportunidade de visitar uma biblioteca aqui em Benares e vi uma cópia do *Upanishad X*: "Ele vai direto à chama, da chama ao dia, do dia à quinzena clara, da quinzena clara aos seis meses, durante os quais o Sol sobe para o norte, desses meses ao ano, do ano ao Sol, do Sol à Lua, da Lua ao relâmpago. Ali se encontra um ser não humano que conduz ao Brahman. Tal é o caminho dos deuses".

Confúcio – Eu vi outro documento que diz o seguinte: "Os rios correm do Oriente para o Ocidente, de leste para o poente, saem do oceano e voltam para ele. Tudo isso não passa de um único oceano. Eles não lembram se pertenciam a este ou àquele rio. Do mesmo modo, todas as criaturas saem do único ser, mas tudo é animado pela essência sutil, que é a única realidade, ou seja, o atman, o tu mesmo, tu és isto".

Sidarta – Esses dois trechos resumem bem a essência do pensamento da nossa crença. O primeiro, o caminho dos místicos; o segundo, a definição de que todos os seres tiveram origem no Brahman e para ele voltarão. Contudo, os que não conseguiram se libertar vão e voltam à vida na Terra. Há também outros textos que contam com detalhes esse caminho de ida e volta, e vale a pena consultá-los. Há crença também em uma justiça rigorosa que preside o fim da existência. Cada um é premiado de acordo com suas obras. Como eu já disse, elas ficam gravadas no carma de cada um.

Zoroastro – Isso me lembra um pouco a religião do Egito, em que a alma é julgada no tribunal de Osíris e suas ações são pesadas em uma balança. Se a parte boa prevalecer, a alma pode voltar para uma vida eterna. Por isso eles mumificam os mortos e conservam suas entranhas. Se o lado mau pesar, o coração é devorado pelo deus Anúbis, e é o fim.

Sidarta – Uma passagem em um *Upanishad* diz: "Nesta fortaleza de Brahman, que é o corpo, um pequeno itu lótus forma uma morada em cujo interior há um pequeno espaço. O que encerra ele que seja preciso buscar, que seja preciso desejar saber?" Meu povo acredita que, se tudo o que existe está reunido na natureza do Brahman, todos os seres reais e todos os desejos a nada subsistirão quando a natureza do Brahman for atingida pela idade e dissolução. O que sobrevive é o atman puro, que não conhece nem a velhice, nem a morte, nem a fome, nem a sede, e a partir do qual todos os desejos e pensamentos são realidade. Os que reconhecem o atman, e por intermédio dele os desejos que são realidade, podem o que querem em todos os mundos.

Lao-tsé – Mundos? São vários?

Sidarta – A tradição diz que há um mundo cá embaixo, outro lá em cima e um no meio dos dois, que é um estado de sono que vai da consciência à inconsciência. O espírito opta por ir de um extremo ao outro, mas graças à vida pode estudar a vida póstuma nas moradas transitórias que precedem a absorção definitiva, ou seja, a comunhão com o Brahman. Em outras palavras, carregado de sua ciência e suas obras, o mortal entra em uma nova existência, que pode ser neste planeta se ele não conseguiu romper o ciclo de nascimento e morte, a samsara.

Confúcio – Isso vale para todos os seguidores da religião?

Sidarta – Não. A tradição diz que caso se trate de um sábio, portanto libertado de todo o desejo, o atman sacode o corpo, despoja-se do não ser e se habilita para um novo avanço em busca da comunhão com o Brahman. Cada alma individual se esforça para romper suas limitações, num alargamento da personalidade, para atingir o supremo conhecimento. Chega à condição de beatitude e vai pelo caminho dos deuses para os paraísos, uma vez que eles são estados de consciência.

Sócrates – Gostaria de voltar ao ponto do julgamento da alma e aos que foram considerados impuros?

Sidarta – A alma impura é julgada por Yama, que avalia se a balança aponta para o lado devedor. Aí a alma vai para o inferno e lá permanecerá no sofrimento, conforme as causas cometidas. Mas devo lembrar-lhes que nem o paraíso nem o inferno são eternos. O último pensamento no momento da morte pode decidir a sorte da alma, já que ela pode se arrepender dos maus atos praticados ou abandonar todo o desejo, inclusive o de continuar vivendo. Mais uma vez lembro que a morte só atinge o corpo físico. Por isso nos funerais à margem do Ganges há orações para que a alma seja liberada do corpo. Quem não se preparou no momento da morte entra novamente em seu corpo fluídico, que é a semente do corpo futuro. Assim, com o fim do corpo físico, permanece o corpo sutil.

Lao-tsé – Anotei uma frase do *Rig Veda* que considera a dissolução do despojo humano no momento da cremação: "Que o olho vá ao sol, a respiração ao vento, o corpo vá ao céu ou à terra, conforme a regra; ou então vá nas águas, se tal é o seu destino, entre as plantas com seus membros".

Sidarta – Segundo nossa tradição, elementos imponderáveis formam o suporte da alma libertada, que sem os órgãos físicos não tem imediatamente consciência de sua passagem de uma vida para outra. Contudo, é a mesma alma que passa por várias existências. A alma não perece como o corpo. O crente pode ou não se apegar às coisas materiais e se iludir com elas. Só encontrando a unidade, mediante o desapego, considerado um fio de ouro, é possível se libertar do isolamento temporário e da prisão representada pelo corpo.

Zoroastro – Diante dessa explicação, há ou não há uma maneira de escapar da morte?

Sidarta – Segundo Yama, o deus da morte, a única forma de escapar é vencê-la. Para isso, é necessário transcender, ou seja, tornar-se igual ao atman divino, que é menor que um grão de sorgo e maior do que o Céu e a Terra, o mesmo que todos nós trazemos no coração. Assim, ultrapassar a si mesmo é ultrapassar a morte. Para concluir, a morte é um simples rito dos *Vedas* que atesta que a espiritualidade é capaz de transformar homens em deuses.

Sócrates – Às vezes tenho a sensação de que há algo de materialismo misturado à sua religiosidade.

Sidarta – Bem, os seguidores de Krishna comparam sua energia aos elementos existentes na natureza.

Um pote de barro, que nada mais é do que uma combinação de terra, água, ar, fogo e céu, tem a mesma composição desde o momento em que foi feito até sua destruição. Seus elementos constitutivos são os mesmos ao longo de toda a existência, e seus ingredientes conservam cada um diferentes partes da energia material. Do mesmo modo se constitui a existência do ser humano, que nada mais é do que a junção dos cinco elementos sob a forma humana. O ser humano é prisioneiro de sua condição material e ao mesmo tempo divina. É provido de um falso ego que o faz acreditar que tem a felicidade suprema. Não podemos esquecer que tanto a energia material como a espiritual estão sob o controle de Krishna, uma vez que ele está em tudo e faz parte de tudo. Essa constatação não deve deixar nenhum devoto inquieto e não é motivo para lamentação. Ao contrário, o devoto deve manter uma atitude filosófica, considerando que a ligação com a divindade é eterna e contínua.

Heródoto de Halicarnasso – Meus amigos, creio que podemos parar por aqui. Mas antes quero dizer que, conversando com pessoas na feira de Benares, não ouvi falar das mulheres e qual sua contribuição para a espiritualidade. Podemos voltar a esse assunto? Para encerrar, quero dizer que os termos usados por Sidarta estão ficando mais familiares, mas ainda assim me ocorreu anexar um glossário à cópia do relato que vou enviar para vocês. Não me agradeçam, faz parte do meu trabalho de cronista.

9
HINDUÍSMO: UM FEIXE DE SEITAS

**Faz ao próximo
aquilo que desejas
que o próximo
faça a ti.
— Zoroastro**

Heródoto de Halicarnasso – Bem-vindos, meus
amigos, a mais uma aula ao lado de nosso
amigo Sidarta. Além de culto, tem mostrado sua
liderança com a profundeza e a claridade de seus
pensamentos. Somando o que vocês acrescentam
nestas reuniões, vejo um oceano infinito. Como o
nosso propósito é conhecer e divulgar a cultura e a
religião da Índia, espero que eu seja capaz de montar

um padrão de explicações e interpretações racionais. Temos visto como a cultura hindu é antiga.

Sidarta – Por falar em tempo, meu caro cronista, é natural que no decorrer dele se produzam fragmentações doutrinais, ainda mais com uma população tão numerosa como na Índia. Uma seita se forma, outra desaparece, mas o sentido original se preserva ao longo dos séculos. Alguns agrupamentos são minúsculos e, como já disse, isso multiplica o número de deuses e entidades sobrenaturais. A raiz comum é o *Veda* por meio do estudo dos *Upanishads*, dos *Shakhyas* ou do *Vedanta*. Quero lembrar que nossa religião não limita o número de encarnações divinas ou avatares.

Sócrates – Uma curiosidade: há um momento certo para que as divindades se manifestem?

Sidarta – Segundo a tradição, as divindades reencarnam nos momentos de dificuldade ou quando há necessidade de despertar e intensificar a devoção dos fiéis. Lembro-me de uma declaração de Krishna, no *Bhagavad Gita*, que diz: "Todas as vezes que a virtude diminui e o vício predomina, eu me manifesto. E venho de Yuga em Yuga para estabelecer a virtude, destruir o mal e salvar o bem".

Lao-tsé – Yuga?

Sidarta – Yuga é uma idade do mundo. A atual é conhecida como Kali Yuga, com duração de 432 mil anos. Cada seita reflete as origens do sanatana dharma sob o impulso da encarnação de um avatar. É bom saber que, apesar da quantidade de seitas, não há rivalidade entre elas e predomina a liberdade individual absoluta.

Confúcio – Uma dúvida: as seitas divergem quanto à manutenção da sociedade de castas?

Sidarta – A separação em castas está na mais antiga tradição bramânica. Nenhuma seita que conheço ameaça a estrutura política, social e econômica da Índia. Eu tenho algumas críticas às castas, porque entendo que o caminho da iluminação deve ser aberto a todos, e nada justifica uma separação entre poderosos e pobres. A revelação divina não tem fim, segundo Krishna: "Tu és fiel e meu amigo. A revelação jamais cessará enquanto o coração dos homens conhecer a devoção e a amizade, e a divindade revelará os seus segredos". Portanto, novas seitas não significam separação, mas reação contra o que consideram excesso ou favorecimento para o retorno a formas religiosas mais ou menos puras.

Lao-tsé – Honras e riquezas são o que o homem mais deseja no mundo e, no entanto, mais vale renunciar a elas do que se afastar do Tao.

Zoroastro – É curioso que Sidarta sempre fala em volta às origens...

Sidarta – Sim. Talvez isso seja responsável pela solidez do sanatana dharma. Eu prefiro avançar por caminhos próprios, uma vez que já experimentei os dois extremos: a suntuosidade do palácio do meu pai e a inanição na floresta. Estou em busca de uma terceira via, que ainda não sei qual é.

Sócrates – Concluo que não há oposição nem contradição entre as diversas seitas que vi por aqui.

Sidarta – Exato, o objetivo é a união de todos os seres em um ser supremo. Não há contradição, nem divergência, por exemplo, entre o vishnuísmo, o shivaísmo e o shaktismo. A religião conhecida como vishuísmo é baseada no deus Vishnu, que, segundo os *Vedas*, era o Sol, símbolo de toda atividade. Em sânscrito, "vish" significa agir. Seus avatares são Krishna e Rama. Os adeptos creem que Vishnu é o deus do tempo, do espaço, da vida, da alegria e que seus passos são impregnados de doçura e felicidade. No *Rig Veda*, Vishnu é associado a Bhaga, deus da fecundidade. Nas terras do norte, no Himalaia, há templos que exibem grandes falos atribuídos a Vishnu.

Zoroastro – Esculturas de falos em templos?

Sidarta –Sim, é comum na nossa cultura. O sexo não é visto como pecado, a não ser seu excesso. Os seguidores do vishuísmo são praticantes do Bhakti Yoga e acreditam ser essa prática a principal via que conduz à libertação espiritual. Exercem um profundo misticismo e põem a devoção acima de todo o exercício religioso. Assim diz o *Bhagavad Gita*: "Pela devoção ele me conhece em minha essência. Ele sabe quem eu sou e o que sou. Tendo aprendido a conhecer-me, assim, em verdade, ele entra imediatamente no supremo". Acreditam também que, sob a influência de Maya, o espírito escapa e se prende a coisas materiais, passageiras, ainda que ele possa sempre voltar ao seu estado original de busca da santidade. O caminho para isso é a devoção e as práticas constantes.

Confúcio – Posso considerar que Vishnu está contido apenas nessa seita?

Sidarta – Não, no Sul há também os que se autodenominam Pancharatra, que se consideram os depositários dos textos sagrados de Vishnu. Eles postulam a existência de um Brahma supremo, pessoal e ao mesmo tempo imanente e transcendente que concebe o universo como produto de uma energia inerente ao princípio supremo. Em muitos lugares, há templos dedicados a ele. Os sábios fazem sempre releituras dos *Upanishads*. Alguns adoram Vishnu sob a forma de Rama, outros se consideram encarnação de Vishnu. Quando alguma doença se abate sobre uma aldeia, o povo se reúne nos templos para orações e cânticos. Há rosários e vestes próprias para esses seguidores. Os hindus rezam trazendo sinais de sua seita pintados no corpo, geralmente com cabelos cortados e linhas verticais vermelhas e brancas na fronte. Para satisfazer o deus Vishnu, é preciso abandonar todo os desejos, dedicar-se ao autocontrole e desistir da perseguição de bens materiais e até mesmo da alegria de ter esposa e filhos. É preciso renunciar a tudo e dedicar-se totalmente à vida devocional, como eu mesmo fiz há alguns anos. A maioria das pessoas deseja a felicidade proporcionada pelos bens materiais, mas, de acordo com os ensinamentos de Vishnu, eles são efêmeros e trazem infelicidade. A divindade é única, mas suas energias são diversas. Há milhões de formas de Vishnu e, desde a divindade até uma formiga, todas têm a mesma natureza. Nos *Vedas* está escrito que todos esses seres são o mesmo, o que não quer dizer que todos são deuses, mas que todos qualitativamente possuem a mesma natureza dos deuses. Portanto, a manifestação cósmica da criação, manutenção e destruição é produto da revelação divina.

Lao-tsé – E os outros membros da Trindade?

Sidarta – Há os que cultuam Shiva. É uma das seitas mais antigas da nossa sociedade e representa uma das vias principais de espiritualidade. Para muitos, Shiva é uma divindade cuja grandeza é inigualável. Para alguns, é o símbolo de uma filosofia; outros ainda creem que ele é a manifestação da suprema divindade. Segundo a tradição, Shiva saiu da fronte do Brahma e por ordem dele dividiu sua natureza em homem e mulher. Ele é o senhor dos cantos e dos sacrifícios, que consola e cura. É o mais generoso dos deuses, o que concede prosperidade e bem-estar. Às vezes é chamado de Rudra.

Sócrates – Mas você também disse que ele está associado à destruição?

Sidarta – Sim, mas é uma destruição construtiva, disruptiva. Sem ela não pode haver criação. Assim, como o destruidor, Shiva se identifica com a morte e o tempo, mas de outra parte ele é benfazejo.

142

É o todo-poderoso. Um, o Não Ser, o Infinito, o Indivisível. Não esqueçam que a Trindade, ou Trimurti, é uma representação diferente do Único, do Brahman. Teria recebido as honras supremas de Krishna e Vishnu. Shiva é sem começo, meio ou fim. Mas é antes de tudo concebido como o senhor da destruição, o eterno yogue e o despertador dos dons. Quando toma o aspecto de Nataraja, é visto como o destruidor e representa a unidade das coisas já criadas e as que ainda vão ser.

Zoroastro – Vi uma estátua de Shiva dançando.

Sidarta – A dança de Shiva é tão bela... Conta a tradição que os crentes pediram a ele que repetisse a dança, e ele dançou de uma forma que jamais foi esquecida por seus seguidores, quer nos templos, quer em estátuas e pinturas. A dança representa criação, evolução, preservação, encarnação das almas e até mesmo libertação do ciclo do carma. Há um entendimento místico de que a dança é uma reafirmação de que Shiva está dentro dos seus seguidores. Shiva, ou Nataraja, como quiserem, dança a destruição absoluta do universo. Ou com mais profundidade, dança a destruição do ego, de suas ilusões e desilusões. Ou seja, Shiva é o símbolo do aniquilamento total, por isso é chamado por alguns de Mahadee, o grande deus.

Confúcio – Posso considerar que o culto de Shiva está concentrado em uma única seita?

Sidarta – Não. Há um Shiva portador de crânios humanos, não se assustem. É o Shiva Kaplin. Seus seguidores formam um grupo de ascetas extremistas que cantam e dançam. Não posso criticá-los, porque eu mesmo cheguei perto da morte por ser um extremista. Basicamente acreditam em dois elementos, a divindade responsável pela causa, o criador de tudo o que existe, e a criação, ou seja, tudo o que emana dele. Há também os yogues adeptos de Shiva, os Paçupatas, que lançam mão de práticas violentas para chegar ao êxtase místico. Também são dualistas entre as almas e Shiva, cujo corpo é feito de energia.

Zoroastro – Meu caro Sidarta, eu também tenho uma concepção dualista da religião, que em outra oportunidade vou explicar a você e aos nossos amigos.

Sócrates – Bem, da minha parte não consigo entender como pode uma religião se ramificar em tantas outras. É um verdadeiro cipoal de crenças.

Sidarta – Como eu disse em uma de nossas conversas, o sanatana dharma não é uma árvore de onde partem vários galhos, aqui entendidos como seitas. Ele é um feixe de galhos, mas, apesar de serem feitos do mesmo material, cada um tem sua própria configuração. Por exemplo, há seitas que acreditam que a alma é concebida como arrastada pelo tríplice liame, ou afetada pela tríplice mácula, ou seja, a ignorância, o carma e Maya, o desejo cotidiano. A libertação só é possível pela graça do mestre, Shiva.

Lao-tsé – É possível dizer que esses cultos remontam à tradição antiga dos *Vedas* ou foram criações posteriores?

Sidarta – São tão antigos como os *Vedas*. O culto da deusa Durga, por exemplo, é ligado a Shiva. É uma crença na shakti, na energia divina. Ela dá destaque à forma divina de deus, e há milhares de adeptos espalhados por toda a Índia. Vocês mesmos tiveram oportunidade de visitar seus templos, ermidas e capelas espalhadas por estradas, cavernas, montanha e beira dos rios. As doutrinas especulativas das seitas de Shiva em seu conjunto terminam em um processo de identificação do indivíduo com o ser supremo, o que inclina o culto para o tantrismo e o yoga. Não esqueçam que o guru entrega ao discípulo um mantra que ele deve recitar o resto de sua vida.

Confúcio – Quem é Vasudeva?

Sidarta – Uns entendem que é o pai de Krishna, outros que é o próprio Krishna. É atribuída a Vasudeva a descrição da vida como um rio caudaloso e rápido com ondas constituídas de três elementos da natureza: santidade, paixão e ignorância. O corpo material, seus sentidos, a faculdade de pensar, sentir e desejar, além de todos os estados de tristeza, felicidade, apego e humildade são produtos diferentes das três qualidades da natureza. Um tolo não consegue atingir sua identidade transcendental e por isso gira em torno do apego e da busca da riqueza material, ou seja, continua preso ao ciclo de nascimento e morte sem dar chance para se tornar livre. As pessoas iludidas pelas forças da aparência não aproveitam a forma humana, desperdiçando a oportunidade de conseguir a eterna libertação e de perder o progresso que fizeram ao longo de milhares de nascimentos.

Heródoto de Halicarnasso – Bem, eu estou anotando tudo, como sabem. Pauto-me pela notícia, pela verdade e pelas coisas interessantes para conquistar futuramente nossos leitores. Sou um cronista, e não um historiador como Tucídides, meu compatriota, mas não me pauto por agrupar coisas más, ainda que tudo o que anotei tenha um conteúdo de mudança e controvérsia. Não faço parte do grupo de cronistas que só anotam quando o homem morde o cachorro. Afinal, estou em busca de pessoas, conflitos, crenças, dramas, segredos, escândalos, abusos de toda ordem, corrupção, riquezas e tudo o mais que sensibiliza o ser humano. Nas viagens que tenho feito, nada me escapa: pessoas comuns, nobres, reis, animais, crianças, heróis, vítimas e assassinos, além de cenas da vida cotidiana e de grandes desastres. Eu busco informações e sei que entretenimento não é notícia. Desculpem-me o desabafo, mas quem sabe, no futuro, o cronista tenha o alcance de público que eu não tenho. Vamos descansar?

O EDIFÍCIO SEM ESCADAS

> Só sei
> que nada sei.
> — Sócrates

Heródoto de Halicarnasso – Meus amigos, quero dizer que, antes de escrever a história, sou um produto dela. Todos nós somos, mas a minha responsabilidade é maior. Sei que ficção histórica é sempre ficção e nunca história. Meu propósito é apenas mostrar com que proximidade meu trabalho reflete a sociedade em que estamos imersos aqui na Índia. Tenho consciência – e sei que Sidarta vai gostar – de que todos os acontecimentos aqui relatados estão em fluxo. Hoje nosso anfitrião prometeu falar como esta sociedade se estruturou ao longo dos séculos.

Sidarta – Sim, vou apresentar a vocês uma questão social polêmica que está intimamente ligada à religião aqui na Índia: o sistema de castas. Creio que a origem remota das castas reside na divisão do trabalho que impôs a rigidez social que resiste até hoje. Como disse, sou de origem nobre, minha família é da casta dos xátrias. Pessoalmente não compactuo com essa divisão. Creio que todos os homens são iguais e podem, independentemente da origem, chegar à iluminação.

Sócrates – Na Grécia, nossa divisão é mais flexível, mas está longe da democracia apregoada por Clístenes. Cidadãos, ou seja, os que usufruem de direitos, são apenas os que têm pai e mãe atenienses. Estrangeiros são considerados de segunda categoria. E, vergonhosamente, preciso dizer que em Atenas há escravos.

Heródoto de Halicarnasso – Eu bem sei o que é ser mandado para o exílio sem ter cometido nenhum crime. Acusaram-me de participar de um golpe de Estado contra o rei, e por isso tive de me refugiar na Ilha de Samos.

Sidarta – Bem, na Índia, a primeira casta é a dos brâmanes. É a única de essência religiosa e que detém o poder espiritual. Os brâmanes são os intermediários entre o homem e as divindades.

Zoroastro – Na Mesopotâmia, há povos que adotam a mesma prática.

Sidarta – Quando uma pessoa nasce na casta dos brâmanes, torna-se imediatamente o melhor de todos os seres humanos. O nascimento de um brâmane é a encarnação eterna da lei. Se permanece contente com sua condição, vive na austeridade, estuda os *Vedas* e se engaja na devoção do divino, tornando-se um vaishnava. Aos doze anos, os meninos brâmanes são introduzidos na religiosidade por um ritual de passagem e ganham um cordão sagrado. Quando adultos, têm direito a um cordão superior. Tudo está estabelecido em um texto antigo, o *Código de Manu*.

Zoroastro – Isso me faz lembrar o Código de Hamurabi, da Mesopotâmia, que estabelece que as leis dos homens têm origem divina.

Sidarta – Os brâmanes monopolizam a religião, a cultura e a filosofia. São intelectuais e escritores com o dever de ensinar os *Vedas* e tudo o que se refere à religião. Somente os brâmanes podem ter o título e a autoridade de sacerdotes, o que consideram um sacrifício. São respeitados e adorados como mensageiros dos deuses e submetem-se à observância estrita de ritos e cerimônias segundo regras antigas rigorosas. Cuidam do espiritual e não se preocupam com os bens materiais.

Lao-tsé – Mas quem lhes garante a sobrevivência?

Sidarta – Indiretamente, os fiéis são responsáveis por seu sustento e sua segurança.

Confúcio – Vejo que por aqui não se governa pela virtude. Suponho que devam ter privilégios enormes.

Sidarta – Sim, é comum que até soberanos beijem seus pés. A vida cotidiana é monótona e se resume a rituais diários, com cerimônias e banhos duas vezes por dia. São vegetarianos, como a maior parte da população... lembrem que aqui os animais são sagrados. A população os identifica pelo cordão sagrado, como disse, símbolo da casta dos brâmanes.

Lao-tsé – Os brâmanes passam por momentos de reclusão, de isolamento diário?

Sidarta – Sim, depois das cerimônias diárias, os brâmanes se recolhem para meditar sobre um mantra pessoal, geralmente uma estrofe extraída de um hino sagrado, pronunciado segundo regras tradicionais. Há um caráter esotérico nisso. Assim sobrevivem os hinos védicos, compostos de mantras, dos quais os mais importantes são os dirigidos ao Sol. Somente a elite religiosa tem autorização para repetir esses versos sagrados.

Sócrates – Estou surpreso com a importância dos sacerdotes na Índia. Você os caracterizou bem quando disse que eles têm o monopólio da religião e, por conseguinte, de toda a sociedade.

Sidarta – Quando a sociedade se constituiu, nos tempos védicos, nem só os arianos tinham acesso a esse estamento. A casta era aberta a outras etnias, desde que possuíssem os títulos necessários. Com o passar do tempo, as castas se separaram de tal forma que passou a ser impossível mudar de uma para outra.

Confúcio – Posso entender então que não há ninguém acima dos brâmanes?

Sidarta – Há alguns sacerdotes que se tornam monges ascetas e são considerados santos. Libertam-se de toda condição social, não usam mais o cordão sagrado e suspendem os exercícios religiosos diários. São chamados de sanyasin e estão acima das quatro castas.

Zoroastro – Você mesmo se tornou um monge...

Sidarta – Sim, porém não me considero um santo. Abandonei as práticas bramânicas e estou à procura do meu próprio caminho. Os meus companheiros me abandonaram quando mudei minha visão de mundo, como já lhes disse. No momento, estou só.

Sócrates – Você nos disse que sua origem é a casta dos xátrias, o que na minha terra coincide com os guerreiros.

Sidarta – Minha família é dessa casta, sim. Os xátrias detêm o poder pela força. São guerreiros, o que coincide com o domínio do Estado. Volto a citar o *Código de Manu*, que dá também ao rei ou outro mandatário uma emanação da divindade; o rei chega a ser considerado um semideus. Não pode ser contrariado, uma vez que detém o poder e a lei. Nenhuma semelhança com o que o amigo Sócrates falou de Atenas. Creio que sua posição está mais próxima à do imperador chinês ou persa.

Confúcio – De fato, o imperador do Império do Meio é um semideus e, graças a ele, tudo na natureza ocorre dentro da regularidade: a chuva, a colheita, as estações do ano...

Zoroastro – No meu país, o imperador enfeixa todos os poderes e não os reparte com ninguém, nem mesmo com os governadores das províncias, os sátrapas. Eles são nada mais, nada menos do que os olhos e os ouvidos do rei.

Sidarta – Como já disse a vocês, sou da nobreza. É verdade que aos 29 anos abandonei tudo, porque não via sentido na vida que levava com minha família em Kapilavastu. Não foi fácil sair pelo mundo, mas não tinha outra alternativa. Vivia deprimido e com medo da doença, da velhice e da morte. Tornei-me um asceta e assim permaneci até pouco tempo atrás. Hoje tenho outra visão do mundo e da vida, embora ainda não domine minha mente por inteiro. Lembro que os xátrias protegem os brâmanes, para que possam exercer os rituais; ambos devem se qualificar para fazer parte dessas duas castas.

Lao-tsé – Eu também troquei a vida na sociedade por uma ermida num lugar distante, onde posso meditar tranquilamente.

Sócrates – Sidarta, você ia nos falar dos eupátridas, ou melhor, dos bem-nascidos que detêm o poder e a fortuna. Como em Atenas, acredito.

Sidarta – De fato, reis e outros potentados são originários da casta dos xátrias. No *Código de Manu*, está escrito que os reis são uma emanação da divindade ou um deus na forma humana. É por isso, creio, que as grandes cerimônias que impressionam o povo são conduzidas por eles e seus brâmanes, assim como ocorre na China.

Cultos, oferendas, procissões, fórmulas mágicas, cânticos e recitação de mantras impressionam muito as demais castas. Os reis têm um código de honra, de fé e de palavras que deve ser preservado até a morte. Só se submetem aos brâmanes, mas pode-se dizer que têm quase igual importância.

Zoroastro – Mas quem cuida das outras atividades como, por exemplo, o comércio? Ele parece florescente a ponto de atravessar boa parte da Ásia e, de certa forma, trazer-nos até aqui.

Sidarta – A casta logo abaixo é a dos vaixias. São, em sua maioria, comerciantes, viajantes e responsáveis pela burocracia e administração dos bens materiais. Importam e exportam produtos, e é assim que vocês saboreiam os requintados temperos indianos, entre eles o curry e o chá de massala. São também dedicados agricultores, conhecem os segredos das plantas e dos animais. Produzem leite, lã e ovos, ainda que nem todos por aqui apreciem produtos de origem animal. Os vaixias vivem bem, porque sabem acumular riquezas.

Sócrates – Na minha cidade, os comerciantes são os metecos. E os escravos? São os prisioneiros de guerra?

Sidarta – Sim, existem escravos na Índia, mas na ordem decrescente das castas a base é representada pelos sudras, que nunca foram escravos. Os sudras servem às outras castas, seria mais correto chamá-los de servos. São a maioria da população, com quase nenhum direito a não ser acompanhar as cerimônias religiosas a distância.

Podem mudar de trabalho, mas isso não ajuda muito, porque a dominação está estabelecida e a ascensão social é impensável, tendo em vista que sua justificativa é religiosa e, portanto, imutável. Os trabalhos manuais, como aqueles executados por jardineiros, pastores, artesãos, operários e serviçais domésticos, não são monopólio dos sudras.

Lao-tsé – Mas os sudras têm acesso aos textos dos *Vedas*? Podem opinar e praticar abertamente a religião dominante?

Sidarta – Não, o acesso aos *Vedas* é restrito às castas superiores. Os sudras têm acesso às *Epopeias* e aos *Puranas*. São discriminados e mantidos longe das decisões políticas e, consequentemente, religiosas.

Sócrates – Pelo que vejo, uma pessoa nasce e morre na mesma casta. Não pode almejar mudança nem para si, nem para seus descendentes.

Sidarta – Há uma grave punição para as pessoas de castas diferentes que se unem. Seus filhos não pertencerão a nenhuma casta, serão "inexistentes", não farão parte do edifício social hindu, nem acesso aos templos poderão ter. O sexo sem o consentimento religioso é rejeitado por ser uma prática destinada aos sudras e aos animais. Eu, pessoalmente, acredito que todos deveriam ter o mesmo direito à iluminação, mas isso não é compartilhado pelos que detêm o poder político e religioso. Os adoradores de Krishna entendem que ninguém pode ser classificado como casta superior apenas pelo nascimento, mas consideram que é preciso passar pela cerimônia de purificação para não ser imediatamente condenado a pertencer à casta sudra.

Confúcio – Entre os textos que vou levar comigo para a China está o *Código de Manu*. No capítulo 10, verso 24, está escrito o que vou ler para vocês: "O casamento ilícito entre as pessoas de castas distintas, os casamentos contrários aos regulamentos e a omissão das cerimônias prescritas são a origem dos grupos impuros".

Sidarta – Essa é uma lei divina e, portanto, não pode ser desobedecida jamais. O castigo se estende até a morte, ou seja, a pessoa paga por um pecado que nunca praticou e está fora da estrutura social.

Lao-tsé – Se estou correto, há os que estão fora do edifício social: os párias e os sanyasins. Estes acima de tudo, e os párias abaixo de tudo. Dois extremos.

Sidarta – A transgressão da lei do casamento entre pessoas de castas diferentes leva à expulsão da casta, um castigo terrível, uma vez que o punido está impedido de praticar a religião e frequentar templos. É verdade que os chamados intocáveis são a minoria, mas não é para menos. As ameaças e punições são rigorosíssimas para os "sem casta". Há uma clara divisão entre pureza e impureza, se é que me entendem.

Zoroastro – Mas do que eles vivem?

Sidarta – São geralmente destinados às profissões consideradas impuras, como açougueiros, curtidores, varredores e fosseiros.

Zoroastro – Então não chegam ao paraíso nunca!

Sidarta – Vou citar o *Código de Manu*: "Mesmo os párias podem chegar à felicidade suprema".

Lao-tsé – Você sempre fala dos homens, mas e as mulheres? São excluídas da religião e, consequentemente, da vida social?

Sidarta – Caro filósofo, creio que em seu país não é diferente. As mulheres não têm participação significativa na religião por questões históricas. Tanto a casta como o sexo podem ser impedimentos para se ter acesso ao conhecimento.

Confúcio – Como se dá a transmissão de castas no seio da família?

Sidarta – A pessoa precisa ser filho de um brâmane ou discípulo do sexo masculino e da casta superior para estar qualificado a receber os ensinamentos dos *Vedas*. Sempre foi assim, ainda que eu discorde dessa exclusão.

Sócrates – Não me surpreende a segregação da mulher. Na minha terra, não é muito diferente. As mulheres são proibidas de sair, geralmente dormem na parte superior da casa e não se sentam à mesa para comer quando há visitas. Apenas servem e nada mais.

Sidarta – Os *Vedas* falam de um tempo em que alguns mantras e ensinamentos sagrados eram também transmitidos para as mulheres. Diversas mulheres eruditas e místicas estão lá mencionadas. Mas, com o decorrer do tempo, os ensinamentos sagrados foram reservados para uma elite

masculina da classe superior. Na tradição do
meu país, o marido e a esposa são considerados
uma única pessoa, a ponto de o marido não ter
permissão para realizar determinados rituais sem a
presença da esposa.

Heródoto de Halicarnasso – À medida que
vocês falam, fico maravilhado com a riqueza e
a diversidade das civilizações que representam.
Tenho andado pelo mundo: grego, egípcio,
mesopotâmico, persa e agora indiano. Conheço
muitos povos e seus costumes, e chego à
conclusão de que um povo que desempenha
o papel principal no progresso da humanidade
dificilmente desempenhará papel semelhante
no período seguinte. Ao longo da minha
vida, tenho registrado o que as pessoas
fizeram, e não o que deixaram de fazer. Eu me
preocupo com os vitoriosos e os derrotados, ou
seja, com aqueles que fizeram alguma coisa
independentemente do resultado de seus atos.

Zoroastro – Posso entender que os valores penetram
os fatos e são parte essencial deles... Creio que
podemos descansar, amigos, ainda vou fazer
minhas orações no pequeno Templo do Fogo que
criei na casa que me abrigou aqui em Benares...

Heródoto de Halicarnasso – Sim, acredito que
podemos parar por aqui. Aprendemos muito hoje...
Bom descanso, amigos!

11
OS SEGREDOS DOS TEMPLOS

**E se o homem não consegue
encontrar a paz dentro de si,
como pode ser feliz?**

— **Bhagavad Gita**

Heródoto de Halicarnasso – Na minha profissão
de cronista, dou destaque especial para o cotidiano,
uma espécie de história do comportamento humano.
Já fiz isso descrevendo os usos e costumes da terra
do Zoroastro e pretendo continuar recolhendo
informações pelo mundo, para que no futuro
alguém mais habilitado do que eu possa usá-las para
análises sociais mais profundas.

Estou tentando equilibrar fato e interpretação, favor e valor. A história, em sua essência, é transformação, movimento, progresso. Mas estou falando demais... Por onde vamos começar hoje, Sidarta?

Sidarta – Para variar, vamos falar de religião. No sanatana dharma, ou hinduísmo, não existe uma forma estruturada e hierarquizada como na China. Os brâmanes cuidam dos templos e, por sua vez, são servidos por uma legião de serviçais. Não se preocupam com nada a não ser com os ritos, especialmente quando a nobreza participa das cerimônias.

Lao-tsé – Como no Ramayana.

Sidarta – Sim, nos templos se realiza a maior parte das cerimônias religiosas. Os templos são considerados santuários, locais sagrados e intocáveis. Podemos dizer que as rezas e os festivais religiosos ocorrem durante todo o ano com homenagens aos deuses cultuados, não há um calendário fixo para os eventos. Em todas as cerimônias são praticados períodos de jejum, como eu mesmo experimentei. Diz a tradição que o principal dever de um homem é meditar para a compreensão da divindade, e para isso é preciso ter o corpo sadio. Uma das fórmulas para manter o corpo sadio é a prática do jejum. Ele possibilita a clareza da percepção dos assuntos e concede ao corpo uma atividade renovada. Os jejuns, os banhos e a observação dos dias sagrados são uma parte da grande herança do sanatana dharma.

Zoroastro – Jejuar mas sem exagero, espero. Como você nos contou, quase morreu de fome! Não concordo em infligir sofrimento a si mesmo e suportar dores excessivas. Essas práticas prejudicam a alma e o corpo; impedem o ser humano de exercer os deveres de cultivar a terra e procriar. Desculpe-me pela interrupção... Pelo que vi, os templos aqui são maiores do que os da Pérsia.

Sidarta – Em Benares, vocês podem ver alguns templos; sugiro que entrem neles e apreciem a dedicação dos fiéis. Os templos também são locais de abrigo e hospedagem para peregrinos e por isso podem ser constituídos de vários edifícios. Notem os cruzamentos da cidade, um dos locais preferidos para esse tipo de construção. Árvores também são marcos religiosos, eu mesmo gosto de me sentar à sombra de uma para meditar. Entre as árvores, a pipal é considerada a mais sagrada, o lar do deus Vishnu. Creem que Vishnu vive em suas raízes, Krishna em seu tronco, Narayana em seus ramos, Hari nas folhas e todos os outros deuses nos frutos. Qualquer pessoa pode construir um templo, uma ermida, um local de oração, como tantos que viram na viagem até aqui. Os brâmanes dão a orientação religiosa para a localização e o tamanho dos templos, onde devem ficar as portas, as janelas, o acesso e tudo mais.

Confúcio – Suponho que tais orientações tenham caráter técnico, e não religioso.

Sidarta – Ao contrário, os arquitetos, engenheiros, decoradores e artesãos se guiam pela orientação religiosa. E como a luz é o símbolo do conhecimento, nos templos e nas casas se acendem lamparinas na frente das imagens dos deuses uma ou duas vezes por dia. Há um simbolismo também nas lamparinas.

Sócrates – Eu gosto de definições diretas. O que Fídias e Calícrates diriam disso!

Sidarta – Assim como existem templos dedicados a um ou mais deuses, há outros em que não há estátuas e cada pessoa reza para seu protetor. Alguns templos ostentam estátuas do lado de fora, para que os passantes possam dedicar-lhes suas orações. As preces e os sacrifícios variam de um deus para outro, e os fiéis podem participar das cerimônias presencialmente ou a distância. Todos os devotos têm em mente a identidade com a divindade.

Sócrates – Eu tenho buscado incansavelmente as definições da natureza essencial das coisas, mais do que as descrições das propriedades por meio das quais podemos reconhecê-las. Não há textos nas cerimônias religiosas?

Sidarta – Sim, vocês já tiveram oportunidade de presenciar leituras dos livros considerados sagrados, seguidas de oferendas às imagens. As regras para as preces são rígidas e orientadas pelo brâmane. O poder da palavra é considerado o mais forte, por isso se repetem muitas vezes os mantras.

Zoroastro – Eu prefiro os textos. Minha mensagem baseia-se nos *Gathas*, que são cantos entoados como um guia para a humanidade e contêm o triplo princípio: boa mente, boa palavra, boas ações.

Lao-tsé – Às vezes me parece que os devotos repetem os mantras sem saber exatamente o que estão fazendo.

Sidarta – É verdade, mas os verdadeiros fiéis fazem uma concentração mental antes de entoar o mantra. Depois, acompanham a repetição rigorosa do ritmo e da pronúncia das palavras. Sem isso, o mantra se torna ineficaz. Como já disse aqui, cada pessoa tem uma palavra considerada o coração da reza e que vem do seu inconsciente. Uma vez descoberta, essa palavra se torna o centro da oração. Os brâmanes orientam e ajudam para que todos tenham seu próprio mantra. Portanto, não há uma reza uníssona nos templos, há uma mistura de vozes, instrumentos musicais e preces. Quero lembrá-los de que, para entrar em um templo e participar da cerimônia, é preciso estar de banho tomado, vestir roupas limpas, ter cabelos penteados e ter se alimentado pouco. O templo, por sua vez, deve estar limpo, tranquilo, com cheiro de incenso. Todos devem se sentar na posição de lótus, a padmasana, com as pernas cruzadas sobre os joelhos. Sem essa preparação, dizem os brâmanes, os resultados são nulos.

Confúcio – O que os crentes esperam conseguir com esse ritual?

Sidarta – Acreditam que assim atingem a iluminação. Os considerados santos, ou bhaktas, repetem seu mantra durante todo o dia, nas atividades cotidianas e mesmo quando viajam, uma vez que se consideram em contato constante com a divindade. A repetição do mantra tem o dom de aproximar a divindade do devoto e pode alcançar milhares de vezes. O mantra pode ser repetido mentalmente, o que permite concentração total, ou com pequena concentração na garganta, ou em voz alta.

Zoroastro – O mantra é, portanto, o caminho para a libertação e deve ser guardado pelo fiel como um verdadeiro tesouro.

Sidarta – Após o processo de iniciação, o mantra recebido é considerado um dos maiores segredos da vida de uma pessoa, porque é sagrado. Ele tem um valor esotérico e é responsável pela abertura de um campo de significações espirituais. Cria em torno do praticante um ambiente particular, e o som tem importância vital.

Sócrates – Vi um homem na rua que repetia incansavelmente a palavra "Om"...

Sidarta – "Aum" é considerado o mantra original, anterior a todos os demais. Ele é escrito de diferentes formas, mas as três letras a, u, eme representam o Trimurti, a Trindade do sanatana dharma que vocês insistem em chamar de hinduísmo. Representa Brahma, o criador; Vishnu, o protetor; e Shiva, o destruidor, como já vimos. O som das cordas vocais inicia-se com um "A"; quando os lábios se fecham um pouco, formam um "u"; e quando os lábios se fecham completamente, termina em "m". Alguns acreditam que os três são unificados no som "Om", que é sagrado e provoca um efeito profundo no corpo e na mente de quem o entoa. Também simboliza o deus Ganesha.

Zoroastro – É possível reproduzir o som "Om" com instrumentos musicais?

Sidarta – Sim, meu caro amigo. Certamente você já viu crentes soprando uma concha nas casas, nas praças e nos templos. Quando se sopra uma concha, emana-se o som primordial "Om", o anúncio do nascimento de tudo o que existe. A concha também é usada para dar água santificada, para elevar as mentes à mais alta verdade. Acredita-se que o som da concha extingue as causas de várias doenças, porque contribui para a purificação do ar, da atmosfera e do ambiente.

Lao-tsé – Como na China, vi nos templos muitas oferendas de flores, frutos e folhas.

Sidarta – Sim, o ato religioso mais prestigiado é o sacrifício, como já tive oportunidade de explicar. O sacrifício é uma forma de oferenda à divindade e geralmente é feito com flores, frutos, arroz e pequenos objetos. Tem um significado esotérico como tudo por aqui, é a consagração de si mesmo ou o momento em que ocorre a transposição do profano para o sagrado e que modifica o fiel moralmente. É o momento máximo da religião, é o contato direto com a divindade, por isso só os santos e os brâmanes estão habilitados a liderar um sacrifício. O conjunto de oferendas aos deuses é chamado de bhog.

Sócrates – Na minha terra, entendemos sacrifício como algo cruel. Por exemplo, em Esparta, a morte das crianças que nascem raquíticas ou com deficiências físicas e mentais.

Sidarta – Aqui o sacrifício tem outra dimensão. O fogo é o elemento central e o intermediário entre o oficiante e a divindade. É o agente de purificação e, ao mesmo tempo, o veículo da oferenda, que é uma função dominante no culto. No dia a dia, as castas superiores fazem a oblação do fogo, que é oferecido aos deuses pela manhã, antes do amanhecer, e à noite, antes do aparecimento da primeira estrela. Há também os rituais que coincidem com a Lua cheia e a Lua nova.

Zoroastro – O fogo é também um elemento central na religião persa. Todo templo tem uma chama central. Um deles, na montanha, é conhecido como o Templo do Fogo, a representação do deus único. Sempre que posso, rezo diante do fogo sagrado.

Sidarta – Nos sacrifícios, há sempre um oficiante por excelência nas casas ou nos templos. Nas casas, o chefe de família é o líder; nos templos, os santos e os brâmanes. O sacrifício mais divulgado é o do soma, o néctar dos deuses. Ele é considerado o sacrifício fundamental, sendo regulado por um ritual minucioso. Essa cerimônia é realizada uma vez por ano, dura cinco ou seis dias e termina com a oferenda do soma aos deuses. A bebida é considerada um néctar purificador e que dá a imortalidade. A tradição védica diz que essa fórmula comporta a absorção de força, assim, constitui-se em uma transubstanciação.

Confúcio – Na China, também se fazem oferendas, mas aqui elas me surpreendem pelo rigor que a religião impõe.

Sidarta – As oferendas são parcialmente lançadas ao fogo; outra parte é consumida pelos participantes.

Simbolicamente, é uma divisão entre os homens e os deuses, que assim se aproximam. Uma máxima indiana diz que se deve oferecer aos deuses o que se ama. Então, cada deus deve receber as flores que lhe são consagradas. Assim, o jasmim branco é oferecido a Vishnu, as corolas azuis a Shiva e os hibiscos vermelhos a Káli. As divindades não necessitam das oferendas, porque são autossuficientes, mas se alguém faz uma oferenda, a divindade vai devolver muito mais do que recebeu. Assim, quem abre mão de bens materiais para os cultos não perde nada, ao contrário, vai receber muito mais do que doou. Há a crença de que a divindade sabe tudo o que se passa no coração dos devotos. Sabe o que almejam e sua determinação em alcançar os pedidos. Uma tradição védica conta que as doações devem ser feitas, se possível, durante um eclipse. Outra diz que os membros de uma dinastia, os Yadus, distribuíam milhares de vacas em oferenda aos brâmanes.

Lao-tsé – Você aprova os sacrifícios de animais?

Sidarta – Sou contra matar vacas, coelhos, cabras, carneiros, aves domésticas, porcos ou qualquer outro animal. Alguém que busca a perfeição não se aproxima disso. Eu só aprovo e participo de sacrifícios que não tirem a vida de quem quer que seja.

Sócrates – A religião também orienta a forma como os alimentos são consumidos?

Sidarta – Meu caro amigo grego, como eu já disse, há um hábito do vegetarianismo por aqui. Mas, segundo os *Vedas* – vejam até onde vai a influência da religião –, existem duas classes de alimentos: os que devem ser consumidos crus e os que devem ser consumidos cozidos. Os grãos e vegetais de uma forma geral devem ser cozidos com uma manteiga especial, a ghee. As frutas, hortaliças e saladas, consumidas cruas. Nas festas de ricos, são servidas preferencialmente iguarias cozidas, às quais os mais pobres têm pouco acesso.

Lao-tsé – Esses rituais também têm o caráter de perdoar as pessoas pelo que entendem ser pecado?

Sidarta – Sim, oferendas, rezas, doações são formas de expiar atos repreensíveis praticados. Há também pequenos tribunais religiosos que julgam os que cometem faltas involuntárias, venais ou graves. Uma falta grave pode ser punida com o rebaixamento da casta a que o pecador pertencia. O assassinato, por exemplo, é considerado um crime abominável desde tempos imemoriais. Os cultos mais frequentes ocorrem nas casas, por isso é comum ter estátuas protetoras, como Shiva, Vishnu, Ganesha e outros deuses, na casa das pessoas. Na Índia, há ritos e cerimônias para tudo, inclusive para o plantio e a colheita dos alimentos.

Zoroastro – Na minha religião, quem não for bom não escapará do inferno. Os maus se agitarão eternamente nas trevas.

Sócrates – Há uma regra que exige um mínimo de organização para alguém ser reconhecido no sanatana dharma, ou hinduísmo, como eu chamava essa religião antes de nossos encontros.

Sidarta – Há doze sacramentos no sanatana dharma. Para não cansá-los, vou explicar apenas os dois principais. O primeiro se dá logo no nascimento, com um ritual de consagração da criança à deusa protetora, seguido da escolha do nome dez dias depois. Contudo, como já expliquei, o mais importante sacramento é o ritual de passagem reservado aos meninos, que recebem o cordão sagrado se forem da casta dos brâmanes. Então o pai escolhe o guru e os estudos religiosos começam. Já o casamento é regulado por um ritual que começa com o exame das constelações e é considerado irrevogável, não há divórcio. Um religioso também pode se casar se sentir desejos sexuais como outros seres humanos, mas para isso precisa ter o consentimento do seu mestre. O sexo fora do casamento é considerado atitude animalesca, dado que os animais não têm a instituição do casamento.

Sócrates – Você está me convencendo da beleza dessa religião. Você parece um orador, como chamamos lá os que se tornaram artistas do ofício da persuasão. Um verdadeiro Demóstenes.

Confúcio – O que significa a palavra "shanti", que ouvi em alguns templos? Pareceu-me que era repetida três vezes em tons diferentes.

Sidarta – Acreditamos que tudo o que é repetido três vezes se torna verdade. "Shanti" quer dizer paz, que é um estado natural do ser. Costuma-se dizer que nossos problemas e tristezas têm origem em três fontes. Primeiro, nas forças divinas invisíveis,

169

sobre as quais não temos nenhum controle, como pragas, enchentes, terremotos. Segundo, no contato com os humanos, como disputas, guerras, volúpias. E, terceiro, nos problemas profundos da mente e do corpo, como raiva, ódio, ignorância, vingança, frustação... Assim, repetir shanti três vezes em tons diferentes significa dirigir vibração positiva a cada uma das três fontes que nos ameaçam. É a busca pela paz exterior e interior.

Zoroastro – Você já nos disse algo sobre a morte. Poderia repetir algo sobre o cerimonial religioso do funeral?

Sidarta – Como já disse, todo corpo é cremado. Há um cortejo fúnebre, como vocês puderam ver nas margens do Ganges, não longe daqui. Ele é precedido de fogos, acompanhado pelos parentes, e o defunto é transportado até o local da cremação. A cerimônia religiosa termina com o demônio sendo libertado do corpo físico, que é colocado em uma pira. Todos rezam enquanto o corpo é consumido pelas chamas. Em seguida, os parentes participam de ritos purificatórios. O ritual se completa com a transformação do morto em um ancestral forte e amigo.

Heródoto de Halicarnasso – Chego à conclusão, depois desses dias juntos, de que não é possível conceber um movimento espiritual isolado no tempo e no espaço. Por isso, meu caro príncipe, vejo que você está totalmente mergulhado nesta realidade, ainda que sinta o desejo de mudá-la.

Sidarta – Não sou nem pretendo ser um líder revolucionário.

Heródoto de Halicarnasso – Não foi isso que eu quis dizer. A impressão que tenho é que há uma esclerose social, com instituições que não mudam nunca e estão embasadas fortemente na religião. Ainda assim noto que há uma disputa entre a nobreza e os sacerdotes. Estes atrapalham os que têm o poder material. Creio que uma nova religião, mais livre, seria bem-vinda por aqui. Creio também que os brâmanes não são absolutamente necessários, pois cada pessoa se ocupa de si mesmo para garantir a beatitude da própria alma.

Sidarta – Para concluir o dia de hoje, devo dizer que tenho a noção exata de que este é um mundo miserável. Um mundo que envelhece e morre, depois renasce para envelhecer e morrer ainda indefinidamente. Mas, na minha visão, a causa da velhice e da morte reside no nascimento e no desejo de nascer.

Heródoto de Halicarnasso – Amigos, não tenho condições de acompanhá-los em suas andanças... Mas daqui a três dias voltamos a nos encontrar para nossa última reunião.

12

UM RIO BANHADO DE SOL

> **Os homens
> são diferentes,
> mas semelhantes
> na morte.**
> — Lao-tsé

Heródoto de Halicarnasso – Esta é a nossa última reunião antes de tomarmos o caminho de volta para casa. Creio que, depois de tantos dias de convivência, nós nos tornamos amigos e vamos levar conosco grande aprendizado. Não só cultural e religioso, mas de respeito às crenças e às diferenças. Temos assistido a guerras, massacres, invasões e todo tipo de maldade que um ser humano pode praticar. Este encontro e, acima de tudo, seus resultados podem se tornar exemplo de compreensão e entendimento e resistir a nossas próprias vidas. Ainda que esse caminho seja longo e penoso, ainda que novos ódios sejam adicionados aos já existentes, vamos deixar um legado de tolerância aos que nos sucederem. Pelo que ouvi aqui, tenho certeza de que o ser humano pode criar uma sociedade de paz. Quem sabe, no futuro, outros encontros de líderes religiosos e filósofos se realizem não para apontar diferenças, mas para ajudar a construir uma humanidade mais solidária e pacífica. As notícias que me chegam, tenho me empenhado em reproduzi-las fielmente, mas, depois que publicar as atas de nossas reuniões, estarei aberto às correções dos meus erros. Aprendi que não é possível ser cronista sem receber críticas. Assim, vamos iniciar nosso derradeiro encontro e passar a palavra ao anfitrião, Sidarta.

Sidarta – Meus amigos, as palavras do nosso cronista estão carregadas de sabedoria. Não temos o direito de impedir que as pessoas procurem livremente seu caminho em direção ao que consideram libertação. Uma tradição não é superior a outra, é apenas diferente. Os livros sagrados hindus não são mais sábios que outros. As diferentes orações, cânticos, cerimoniais, templos, rituais, ídolos não existem para consolidar a diferença das tradições, mas para mostrar a riqueza da diversidade da cultura humana. Impor nossa religião ou cultura à força, jamais! Isso não foi possível no passado e não será possível no futuro. Sei também que o caminho para a tolerância é longo. Quanto antes a humanidade aprender essa lição, mais cedo teremos um período de paz. Líderes políticos, ricos afortunados, corajosos generais têm muito poder, porém nada se iguala ao poder do conhecimento, da tolerância e da intenção de construirmos um mundo melhor.

Sócrates – Certamente suas palavras são as nossas.

Sidarta – Neste período em que conviveram com o meu povo, vocês tiveram a oportunidade de conhecer seu modo de vida e ver como estão ligados à religião. Talvez sejamos o povo de maior diversidade religiosa na mesma religião. Vocês visitaram também muitos locais religiosos nesta cidade, mas digo que eles são inumeráveis na Índia e objeto de peregrinações das mais difíceis. As dificuldades não importam aos devotos.

Zoroastro – Vi peregrinos percorrerem a pé longas distâncias, cantando versos sagrados, ao encontro da imagem de seu deus ou para obter o êxtase espiritual.

Sidarta – Os peregrinos não deixam de fazer devoções em cada santuário que encontram no meio do caminho, mesmo que não seja do deus que perseguem. As viagens são interrompidas quando encontram um lago ou um rio sagrado, pois é a oportunidade para um rito purificatório.

Confúcio – Fui às margens do Ganges muitas vezes neste período em que estamos aqui, e fiquei surpreso com a dedicação religiosa de seu povo.

Zoroastro – Talvez essa devoção só se iguale ao culto dos egípcios ao rio Nilo.

Sidarta – O Ganges é o mais sagrado dos rios da Índia. Dizem que ele banha o céu em um percurso invisível, e suas águas originárias das montanhas têm um poder purificador sem igual. Ele vem de longe, além das terras altas onde nasci; vem do Himalaia. O povo chama o rio Ganges de "Nossa Mãe Ganga".

Lao-tsé – Também foi assim em outras civilizações que se desenvolveram às margens de rios.

Sidarta – O Ganges é adorado desde a nascente, na confluência com o rio Jamuna, e até mesmo quando desaparece no mar. Em todos esses locais existem templos. Os cursos de água, de uma maneira geral, são considerados locais sagrados. Especialmente nas festividades em homenagem ao deus Sol, quando ele entra em nosso hemisfério. Como já disse, o Sol representa a divindade una, autorrefulgente e gloriosa que abençoa a todos os seres, deuses, homens, animais e as plantas. O Sol transcende o tempo e gira a proverbial roda do tempo. Há um canto especial entoado diariamente, dirigido a ele, para que abençoe a todos os seres com inteligência e sabedoria.

Zoroastro – Eu também tenho uma devoção sincera pelo Sol.

Sidarta – O Sol aparece diversas vezes nos textos antigos, como no *Bhagavad Gita*, por exemplo. Krishna revela que o Sol é seu primeiro discípulo, daí sua importância. Não há um dia propriamente dedicado ao Sol, porque aquele que se regozija no seu próprio ser, na essência do seu próprio eu, sente todo dia como um dia do Sol. Uma das práticas do yoga é justamente a saudação ao Sol, como vocês tiveram oportunidade de ver.

Confúcio – É, mas às vezes ele exagera, e esquenta tanto estas terras que não sei como vocês aguentam...

Sócrates – Quero dizer que gostei muito de Benares, especialmente pela quantidade fantástica de templos. Creio que precisaria ficar aqui por um ano para percorrer todos eles. Na minha terra, só os templos principais ficam nas cidades, há alguns espalhados por ilhas e outras paragens.

Sidarta – Sem dúvida, existem mais de mil templos aqui e muitos peregrinos chegam de outras regiões para rezar. Eu tenho especial predileção por Benares, quem sabe um dia possa voltar. É uma cidade consagrada a Shiva, apesar da quantidade de outros deuses presentes nos templos, nas capelas, encruzilhadas e ermidas. Acredita-se que quem morre em Benares fica livre do ciclo de nascimento e morte, a samsara. Mas Krishna alerta aos seus seguidores que ninguém se purifica apenas visitando lugares sagrados, visitando os deuses nos templos e banhando-se nos rios. Aquele que segue apenas os rituais sem qualquer dedicação mística não é nada mais do que um animal, um asno. É considerado tolo. É preciso seguir as recomendações de um mestre, de um mahatman.

Lao-tsé – A propósito, o que é um mahatman?

Sidarta – É um representante da divindade capaz de purificar as pessoas. Mas nem todos os seguidores entendem sua importância. A purificação é uma combinação de adoração do fogo, sol, lua, terra, água, ar e céu.

Zoroastro – Há cidades consagradas a outros deuses?

Sidarta – Sim, Vishnu é cultuado em Orissa, uma região mais ao sul. Uma vez por ano, quando ocorre a monção, uma imensa estátua de Vishnu é carregada em procissão representando "Vishnu, o senhor do mundo". A imensa estátua tem o nome de Jaggernaut e é transportada em um carro puxado por milhares de peregrinos, que são alimentados pelo povo. Durante o percurso de vários dias, as castas desaparecem.

Sócrates – Desaparecem?

Sidarta – Sim, as pessoas se misturam e todos se tornam iguais, mas apenas durante as celebrações. Não longe daqui está Vrindava, que é considerada a terra natal de Krishna. Os fiéis dizem que o ar dessa região é tão carregado de santidade e de espiritualidade que se esquece do mundo. A água, os insetos, as flores, as construções e até a poeira, uma vez que Krishna andou e dançou por lá, tudo favorece a vida espiritual e as experiências místicas. É a terra santa dos devotos de Krishna.

Heródoto de Halicarnasso – Encontrei um brâmane que me disse que Krishna não é afetado pelo processo de nascimento, sobrevivência e morte. Ninguém e nada o influencia, a não ser ele mesmo. Sua forma transcendental é cheia de sabedoria e jamais foi alcançado por ignorância, orgulho, desejo, inveja ou alegria. Seu conhecimento não é submetido à lei do carma nem influenciado pelos três tipos de energia. Ninguém se iguala a Krishna, porque ele é a suprema personificação da divindade.

Zoroastro – Os devotos não se confundem com tantos templos, deuses, festas, peregrinações?

Sidarta – As festas têm um calendário estabelecido pelos astrólogos e relacionado aos fenômenos naturais. Todos podem participar de qualquer festa, não importa se você é devoto dessa ou daquela divindade. Lembrei-me de uma festa suntuosa dedicada a Durga, que é transportada em um enorme carro enfeitado.

Sócrates – Durga?

Sidarta – Durga é considerada a forma da esposa de Shiva, a deusa Parvati, a caçadora de demônios. Durga é descrita com um aspecto guerreiro da Devi Parvati com oito braços, cavalgando um leão ou um tigre, carregando armas e assumindo mudras, ou gestos simbólicos com a mão. Essa forma da deusa é a encarnação do feminino e da energia criativa.

Confúcio – Estou levando para a China um texto que descreve essa festa, não temos nada semelhante por lá. Imagino a grandiosidade do carro avançando com a deusa e as mulheres lançando flores, arroz com casca e água pela cidade. Diz o texto que as ruas são lavadas as casas e portas, enfeitadas. Durante a festa, não se cortam árvores e os prisioneiros são libertados.

Sidarta – As festas são geralmente precedidas de alguns dias de jejum. Em algumas delas, milhares de lâmpadas enfeitam os templos e os santuários das estradas. Os nascimentos de Krishna e Rama também costumam ser comemorados com grandes festas.

Confúcio – Mas o que o jejum tem a ver com uma festa?

Sidarta – O jejum faz parte do ritual.

Lao-tsé – Pude perceber por todo lado uma exagerada idolatria.

Sidarta – Por aqui, a adoração de imagens se chama pujá. Para alguns, as estátuas são a própria encarnação dos deuses; para outros, apenas um suporte material de adoração, um auxiliar do culto, do mesmo modo que as preces e outras práticas religiosas. As imagens são construídas de acordo com as regras dos textos antigos e, quando levadas aos templos, há uma consagração com os ritos de instauração do sopro e de abertura dos olhos, como se ganhassem vida. Talvez achem um exagero, como disse o amigo Lao-tsé, mas as imagens são sucessivamente lavadas, vestidas, ornadas, perfumadas e cercadas de flores e luzes. Vez ou outra, são levadas em procissão pelas ruas.

Lao-tsé – Vimos também alguns mosteiros, tanto aqui em Benares como em outros lugares.

Sidarta – Sim, há mosteiros bem grandes com alojamento para brâmanes e sacerdotes por toda parte. O chefe de um mosteiro exerce forte autoridade, que vai além dos fiéis de sua ordem. Por isso lhe conferem o título de senhor do mundo.

Sidarta – Para amanhã, proponho uma refeição de júbilo por este nosso encontro. Estou certo de que vamos contribuir para que as pessoas se tornem mais tolerantes e a ignorância seja contida. Mas caso tenham ainda alguma dúvida que eu possa esclarecer, conversaremos amanhã.

Zoroastro – Antes de partir, pode nos explicar o que entende pelos três fogos?

Sidarta – A paixão, o ódio e a ilusão... ou, se quiserem, o apego, o ódio e a ignorância. Quando o espírito é enganado, dominado, obcecado pela paixão, pelo ódio ou pela ilusão, o homem escolhe um caminho mau em ação, palavra e pensamento. Esses três fogos devem ser evitados e substituídos pelos três fogos que não falham em trazer a felicidade perfeita. São os fogos do venerável, do chefe de família e do digno de oferendas. Venerável é o homem que honra sua mãe e seu pai. O chefe de família é o homem que honra seus filhos, as mulheres de sua casa, seus escravos, mensageiros e trabalhadores. O digno de oferenda se abstém do orgulho, da indolência e suporta tudo com paciência e humildade, cada um domando o seu eu, cada um levando o eu à obtenção do nirvana. Enfim, o digno de oferenda é estimado, reverenciado, venerado, respeitado e não falha em espalhar a felicidade perfeita.

Heródoto de Halicarnasso – Caros amigos, sugiro que amanhã tragam seus pertences e embalem com cuidado os textos e objetos que conseguiram aqui. Os camelos não são confortáveis, como já experimentamos, mas é verdade que nossa volta será mais alegre graças a tudo o que aprendemos nestes dias... A história é a longa luta do homem mediante o exercício da razão para compreender seu meio ambiente e atuar sobre ele. O testemunho de vocês e das pessoas que encontrei nas ruas vão ser essenciais para os meus trabalhos futuros. Vimos que na sociedade indiana há medidas mais ou menos coercitivas aplicadas por grupos dominantes – a explicação dada por Sidarta sobre a sociedade de castas é um exemplo. Anotei durante minhas longas caminhadas apontamentos sobre invenções e inovações que têm lados positivos e negativos e mudam constantemente a sociedade. Mas, como eu disse, a história é um fluxo e sei que muitas surpresas, como a descoberta do cisne negro, nos aguardam. Nossa partida será amanhã ao alvorecer.

13

DE VOLTA PARA CASA

**Não pensa mal
dos que procedem mal,
pensa somente que
estão equivocados.**

— Sócrates

Heródoto de Halicarnasso – Meus caros amigos Sidarta, Confúcio, Sócrates, Lao-tsé e Zoroastro, chegamos ao fim de nosso encontro. Tenho certeza de que a publicação desses diálogos vai contribuir para a disseminação de nossa cultura, vai dar alento para que muitos tabus sejam derrubados e, quem sabe, nossos povos possam viver em paz. Sustento ao longo das minhas anotações a concepção da história como um processo de movimento constante, também a ideia de que a evolução é o produto de invenções e descobertas que resultam, direta ou indiretamente, na mudança da sociedade. Se um dia tiver oportunidade, vou ler em voz alta essa nossa aventura na ágora de Atenas. Os camelos estão arreados e a bagagem arrumada, mas ainda temos tempo. Alguém quer fazer mais uma pergunta ao nosso anfitrião?

Zoroastro – Eu gostaria. No grande império persa, há os que guiam suas vidas pelo horóscopo, uma prática muito comum na Mesopotâmia. Quero saber se na cultura do sanatana dharma, do hinduísmo, os horóscopos também existem.

Sidarta – Quando eu nasci, meu pai chamou um guru para preparar meu horóscopo. Pessoalmente não dou importância a isso, mas é uma prática muito popular por aqui. Os horóscopos são preparados por ocasião do nascimento e consultados por brâmanes em determinadas situações como casamento, construção de uma casa, viagens e outros momentos da vida considerados importantes.

Confúcio – Na China, também temos horóscopo.

Sidarta – Há 12 signos no zodíaco hindu, com 12 transições, ou sankranti. Cada um deles tem sua importância, mas Capricórnio, ou Makar, e Áries, ou Mesh, são cruciais. A passagem do Sol de Sagitário para Capricórnio durante o solstício de inverno dá início ao Uttarayama, um período que dura seis meses e é considerado muito auspicioso para atingir mundos mais elevados. Esse dia é visto como seguramente feliz para o início de uma nova atividade. O calendário local é primariamente baseado na Lua, e por isso as datas dos eventos e festivais mudam. Contudo, por observar a posição do Sol, a passagem para o período de Capricórnio sempre cai no mesmo dia e, a partir daí, os dias começam a ficar mais longos e quentes, o inverno declina. Acredita-se que uma pessoa que morre durante o Uttarayama se livra da transmigração. Quanto a Áries, ou Mesh, segundo os astrólogos indianos, Brahma, que é o criador do universo, nasceu sob esse signo. Portanto, quem é de Mesh traz como qualidades o pioneirismo e a originalidade.

Sócrates – Eu não dou importância à astrologia, creio que é uma crendice e não tem fundamento. De minha parte, Sidarta, gostaria de saber o que é a medicina ayurveda.

Sidarta – Ayurveda é um estudo que tem origem nas escrituras védicas e atribuído a um deus médico. Consiste em promover o equilíbrio das três forças básicas: a que controla os ritmos físicos e psicológicos, a que controla o calor e a que controla a estabilidade e a estrutura do corpo. A otimização desses três princípios pela ingestão de ervas, dieta controlada e exercícios, como o yoga, mantém a boa saúde. Entre as ervas, destaco o tulsi.

Zoroastro – Tenho visto uma planta nos quintais por aqui, seria essa?

Sidarta – Provavelmente. O tulsi é considerado uma

planta medicinal de origem divina, como o almíscar. Segundo a tradição, pode salvar a vida de um doente. Ele é citado nos livros ayurvedas. O chá das folhas de tulsi é capaz de curar febre, tosse, resfriado e proporciona alívio rápido. São também colocadas nas oferendas aos deuses, os bhogs, e com isso impedem que as frutas apodreçam ou azedem.

Sócrates – Isso não me parece lógico.

Sidarta – Meu caro Sócrates, isso é o que diz a tradição. O tulsi é capaz de manter a comida saudável e impedir a putrefação. E, mais além, suas sementes exalam um cheiro peculiar que mantém afastadas as cobras venenosas. Por tudo isso, o tulsi também é venerado nos templos e ermidas. Dizem que ele é capaz de promover o bem-estar material e espiritual. Há muitas outras crenças sobre o tulsi, dependendo da região da Índia. Mas, antes de tudo, há sempre a recomendação de uma dieta adequada para pessoas sãs ou doentes.

Lao-tsé – Por falar em dieta, todos aqui são mesmo vegetarianos? Você também não come carne?

Sidarta – Na minha condição atual de asceta, sou vegetariano. Contudo, na minha opinião, comer ou não comer animais é uma decisão de caráter pessoal. Os crentes são vegetarianos e buscam se alimentar apenas do que promove a boa saúde. A alimentação básica aqui é constituída de vegetais, frutas e farinhas. Alguns ascetas não ingerem nenhum derivado de animais, nem mesmo ovos de galinha. Há, como vocês mesmos experimentaram, comidas apimentadas, preparadas com ghee, a manteiga clarificada. Acreditamos que os alimentos picantes despertam sentimentos, emoções violentas e o prazer sexual. Mas o mais importante é que o alimento deve ser obtido por meios honestos.

Confúcio – Caro Sidarta, vocês não matam animais porque acreditam que eles têm essência divina. As plantas não têm?

Sidarta – As plantas pertencem ao mundo dos vivos, claro, mas a vida nelas existente é de baixo nível de consciência. Portanto, tirar a vida de uma planta causaria um dano de intensidade mínima.

Zoroastro – Fale mais da relação dos indianos com as vacas.

Sidarta – Vocês viram vacas soltas pelas ruas, estradas e pastos. Ninguém as importuna, ao contrário. As vacas são adornadas com flores e enfeites e comparecem às festividades e peregrinações. A população entende que seu leite é muito nutritivo, mas não o consome. Contudo, o estrume da vaca é empregado na construção de casas, e sua urina é um medicamento usado para a cura de doenças. Elas têm lugar de honra, porque acreditamos que os 330 milhões de deuses e deusas da nossa tradição estão contidos nelas. Por isso são chamadas de Gau Mata, vaca mãe.

Sócrates – E a marca vermelha na testa das pessoas?

Sidarta – Você se refere ao tilak. É uma marca colocada na testa, feita com a aplicação de um pó vermelho. Em alguns lugares, também são colocados alguns grãos de arroz na testa como símbolo de regeneração. Como veem, a tradição védica abarca coisas da vida, até mesmo as construções e o posicionamento dos cômodos em uma casa. Buscamos sempre o equilíbrio entre os cinco elementos: ar, terra, fogo, água e céu.

Sócrates – Vi também nos templos e fora deles pessoas que portam colares no pescoço ou enrolados no punho. Têm alguma coisa a ver com as orações?

Sidarta – Sim. Os colares são feitos de sementes de algumas árvores nativas. As sementes são colhidas, furadas, transpassadas por um fio e se tornam contas. São santificadas e energizadas em determinados rituais. Seu poder se renova com orações e rituais, e as pessoas acreditam que com elas é possível obter benefícios materiais, intelectuais e emocionais. Para mim, a principal função é ser um marcador de quantas orações se fez durante uma cerimônia. Há também colares de madeira, algodão ou, para os mais ricos, de pérolas. Se tiverem paciência de contar, são 108 contas, que têm relação com as 27 constelações conhecidas.

Lao-tsé – Eu não gostaria de voltar para a China com dúvidas em relação à contagem do tempo. É uma coisa complicada, envolve cálculos e nomes que eu não vou conseguir lembrar. Mas o nosso escriba poderia fazer essas anotações, não é?

Sidarta – Meus caros amigos, tentarei ser claro. O universo tem seu ritmo de criação, destruição e recriação, em um processo cíclico perpétuo. Um ciclo de tempo é igual a um dia da vida cíclica de Brahma e é chamado kalpa. No fim desse período, o universo é destruído e Brahman absorve todos os mundos dentro de si. No dia seguinte, começa a recriar novamente o universo. Com isso, fica claro que Brahman é eterno e cíclico.

Heródoto de Halicarnasso – Caro Sidarta, como vou descrever a duração dos ciclos em números compreensíveis, terei de consultar os gregos Pitágoras, Arquimedes... Eu não sou nada bom em matemática.

Sidarta – Não será preciso. Um ciclo dura mais de 4 bilhões de anos em nosso calendário. É muito tempo. Está muito além da compreensão humana. Hoje se acredita que estamos na era da deusa Káli ou, se quiser, Kalyug. Não esqueça que a divisão do tempo não é a mesma para homens e deuses.

Sócrates – Assim é também em Atenas.

Sidarta – Este período em que vivemos, Kalyug, é caracterizado pela queda dos padrões morais, pelas injustiças sociais e familiares. Portanto, se a tradição védica estiver correta, deve surgir um avatar para recuperar a esperança perdida. Não vou me aprofundar mais em nomes e cálculos para não perturbar nosso cronista.

Zoroastro – Na minha religião, o mundo dura 12 mil anos. No final de 9 mil, voltarei para acudir a humanidade. Depois de mim, será a vez do nascimento de Saoshiant, cuja missão é aperfeiçoar os bons para o fim do mundo. A cada mil anos surge um messias – um avatar, como diz o nosso amigo hindu.

Sócrates – Meu caro amigo persa, na Grécia qualificamos sua religião mais como adepta da astrologia, da cosmologia do que do dualismo moral. Para meus contemporâneos, você é um ser mítico, legendário e fundador da seita dos magos.

Lao-tsé – Entendo que este é o momento para surgir uma nova religião ou para uma reforma profunda no sanatana dharma. Ouvi algumas pessoas no mercado se referirem a Mahavira. Ele estaria planejando fundar uma nova religião. Sidarta, você também pretende liderar um grupo de devotos?

Sidarta – Caro eremita, não tenho essa pretensão. Vou continuar no meu caminho por meio da meditação e não sei o que vai acontecer no futuro.

Confúcio – No panteão hindu, onde se situam as deusas afinal? Pode falar mais sobre elas?

Sidarta – De fato, meu caro filósofo, as mulheres têm participação secundária na sociedade e também na religião, como já disse. Elas interferem pouco nos acontecimentos, ao contrário das deusas gregas. Corrija-me, Sócrates, se eu estiver errado. As deusas hindus estão associadas ao lar e à procriação tanto na terra como no céu. São lembradas mais como esposas dos deuses.

Sócrates – Se importa de listar algumas?

Sidarta – Vamos lá, começando pela mais poderosa: Lakshimi é a esposa de Vishnu, a provedora de recursos materiais, e acompanha o marido há várias encarnações. Emergiu do fundo do oceano, é eterna e onipresente. Quando viaja sozinha, uma coruja a acompanha. Está representada em muitos lugares, até mesmo nas pequenas lojas espalhadas pela cidade.

Zoroastro – Isso quer dizer que Vishnu é o mais poderoso dos deuses.

Sidarta – Até mais do que o criador, Brahma. A esposa de Brahma é Saraswati, que se identifica com o rio de mesmo nome. Nasceu da cabeça do marido, quando este meditava sobre a criação do universo. É a deusa da música, da cultura, da oratória, da escrita... Gosta de viajar acompanhada por um cisne ou um pavão.

Sócrates – E a nós são reservados esses camelos fedorentos... Diga-me, Sidarta, as deusas não brigam? No Olimpo, dizem, há traições, casos extraconjugais, competição de beleza, disputas de poder entre elas...

Sidarta – Por aqui também, quero dizer, na mitologia. Há uma infinidade de histórias envolvendo deuses e deusas. Sem esquecer os demônios, que aparecem nas lendas sem ser chamados. Mas não posso me esquecer de Parvati, mulher de Shiva e deusa da fertilidade, mãe do simpático Ganesha e da deusa Kartikeya. Ela pode assumir tanto uma forma bondosa como feroz.

Sócrates – Parece a Xantipa, minha mulher.

Sidarta – Dizem que sua esposa tem o temperamento forte, mas Parvati é capaz de exterminar demônios e participar de grandes lutas. Em seu aspecto feroz, é chamada de Káli, negra, aterrorizante e exterminadora de demônios. Não escapa um. Parvati também tem muitos templos e estátuas espalhados pela Índia.

Sócrates – Meus queridos amigos, quero deixar uma mensagem neste momento de despedida. Não sei o que vai acontecer comigo em Atenas. Não faço nada além de persuadir meus conterrâneos, jovens e velhos, a não se importar pelas pessoas ou pelas propriedades, mas, e principalmente, a tomar cuidado com o aperfeiçoamento da alma. Digo-lhes que a virtude não é dada pelo dinheiro, mas que há virtude sem o dinheiro e sem todos os outros bens do homem, tanto os bens públicos como os privados. É a minha lição, se posso ter essa pretensão diante de tantos sábios. E se essa é a doutrina que corrompe a juventude, então sou uma pessoa perversa. Até breve, meus caros amigos.

Lao-tsé – Agradeço os ensinamentos e daqui vou direto para minha ermida, onde permanecerei isolado.

Zoroastro – Tenho um imenso trabalho pela frente no império persa, que se estende cada vez mais para o Ocidente. Contudo, coragem não me falta. Adeus.

Confúcio – Tudo anotado, catalogado, marcado e, com certeza, minhas anotações vão para a biblioteca imperial. Também estou juntando o que aprendi no livro *Os analectos*, que um dia poderão consultar. Caro amigo Sidarta, em nome do nosso grupo, obrigado por tudo. Tenho a certeza de que saímos daqui melhores do que chegamos. Um abraço.

Sidarta – Depois deste período de convivência, renovo meu apreço por vocês, meus amigos. A velhice, a doença e a morte, eu sobre elas ainda não triunfei. Mas serei bem-sucedido na travessia, sem jamais voltar atrás, caminhando ao lado de Brahma. Inumeráveis são os nascimentos nos quais eu girei e corri em volta, procurando sempre sem nunca encontrar o construtor das casas. É mau renascer e renascer sempre. Agora que eu vi o construtor da casa, nunca mais ele nunca mais construirá para mim. É o apego. Todas as pranchas estão rompidas, a viga mestra do telhado está em pedaços, meu coração está livre de todas as construções, o desaparecimento da sede é atingido.

Heródoto de Halicarnasso – Parecem palavras do fundador de uma religião...

Sidarta – Desejo a vocês uma feliz viagem de volta e que este nosso encontro frutifique para que todos os povos possam viver em paz, ainda que suas crenças sejam diferentes. Adeus.

Heródoto de Halicarnasso – Pensei que nossa despedida seria rápida, mas acabei fazendo mais anotações em meu diário. Depois do material pronto, vou enviar uma cópia para vocês e, se não gostarem do que escrevi, avisem-me, por favor. Quero agradecer a paciência que tiveram comigo, porque nem sempre eu conseguia anotar com agilidade tudo o que falavam, mas certamente saio daqui melhor do que cheguei, como diz Confúcio. Quem sabe no futuro possamos nos encontrar de novo. Vamos aos camelos!

PARA FINALIZAR
O ESCRIBA

O comportamento
Bom ou mau
Se acumula com o tempo.
— Heródoto de Halicarnasso

Depois desse encontro, não tive mais notícias dos meus cinco adoráveis amigos. Esses homens deram contribuição importante para entendermos a alma humana e apontaram os melhores caminhos à humanidade. Todos eles merecem o reconhecimento de mahatman pelo desprendimento e pela dedicação ao ser humano. Não serão esquecidos jamais, e seus ensinamentos serão retomados ao longo dos séculos. Foi uma honra conviver com Sidarta, Sócrates, Zoroastro, Lao-tsé e Confúcio nesses dias de diálogo.

Para encerrar, selecionei alguns termos relacionados ao hinduísmo, ou melhor, ao sanatana dharma, para que o leitor compreenda um pouco mais a cultura desse povo fantástico que habita o subcontinente indiano. Espero, leitor, que aproveite esses ensinamentos. Mas, antes, vou abrir uma exceção e pedir para o meu homônimo, Heródoto Barbeiro, deixar sua mensagem, desde que não atrapalhe o que escrevi até aqui.

"Quando você mexe com os deuses, mexe com todos, não só com os bons."

Um grande abraço.
Heródoto de Halicarnasso

GLOSSÁRIO

Ahimsa • Não-violência; nunca prejudicar as outras pessoas é a regra número um da prática yoga; irmã mais velha.

Arati • Ritual no qual uma divindade ou um guru é honrado com mantras e tremular de luzes.

Aryan • Membro de raças que falavam línguas indo-europeias ou indo-germânicas e habitavam as planícies dos Ganges, onde instituíram uma grande civilização.

Avatar • Encarnação, uma corporificação dos deuses eternos em forma mortal, sendo as mais populares as dez encarnações de Vishnu, das quais nove já aconteceram (incluindo Rama, Krishna e Buda) e a última, Kalki, está programada para acontecer em algum momento do futuro próximo.

Ayurveda • Originária da Índia do período védico, é um estudo do Homem para remover os desequilíbrios entre as três forças básicas do corpo, conhecidas como Vat (que controla os ritmos físico e psicológico do corpo), Pitt (que controla o calor e o metabolismo) e Kaph (que controla a estrutura e estabilidade geral do corpo).

Bhakti • Devoção ao divino.

Bhog • Oferenda.

Brahm • A divindade suprema: não deve ser confundida com Brahma.

Brahma • Criador do universo e um dos que formam a trindade dos deuses hindus: Brahma, Vishnu e Shiva (ou Mahesh).

Brahmand • Cosmos; a criação inteira e infinita, consistindo em galáxias, seres vivos e coisas materiais.

Braman • A realidade definitiva, caracterizada por ser, consciência e bem-aventurança.

Brâmane • A classe superior na classificação das castas dos hindus.

Chakra • Vórtice de consciência/energia dentro do corpo.

Chitragupta • Aquele que mantém os registros no Paraíso que facilitam a decisão de enviar uma pessoa para o céu ou para o inferno.

Dakshina • Pagamento dado à classe dos sacerdotes.

Darshan • Visão; relacionado ao divino.

Deva • Literalmente, "ser brilhante"; um deus.

Dharma • Fé, crença em doutrinas que fornecem um guia para o caráter e conduta.

Dhyana • Meditação.

Durga • A forma ou manifestação feroz da deusa Parvati.

Ganesh • O deus de cabeça de elefante, de inícios auspiciosos e removedor de obstáculos.

Ganga • A deusa representada pelo rio sagrado ganges.

Gayatri Mantra • O hino védico sagrado em louvor ao Sol Surya.

Ghee • Manteiga purificada.

Gita • Mais conhecido como Bhagvat Gita, a mais sagrada escritura hindu, um sermão dado a Arjuna por Krishna durante a guerra do Mahabharata.

Guru • Mestre.

Gurudwara • Templo sique.

Hanuman • O deus macaco, o deus do poder e da força.

Havan • Ritual realizado pela oferenda de alguns itens sagrados.

Indra • Deus védico, o principal entre os deuses menores.

Jaggernaut (ou Juggernaut) • Uma das encarnações do deus Vishnu.

Janeu • Cordão sagrado usado pelos hindus em seu corpo.

Káli • A forma ameaçadora da Deusa.

Kali Yuga • A "Idade do Ferro" da mitologia hindu, que postula quatro idades do mundo: a Krita Yuga (Idade de Ouro da Verdade), com duração de 4.800 anos dos deuses; a Treta Yuga (Idade da Prata), 3.600 anos dos deuses; o Dwapara Yuga, 2.400 anos dos deuses; e a Kali Yuga (Idade do Ferro ou do Mal), 1.200 anos dos deuses.

Kapilavastu • Antiga casa de Buda.

Karma • A ação e suas consequências.

Krishna • A oitava encarnação do Senhor Vishnu durante o Duaparyuga e o orador do Gita sobre a importância do karma (dever).

Kshatryia • Uma das castas em que está dividida a sociedade hindu.

Kundalini • A energia da conciência como ela se manifesta em um corpo físico.

Kurma • A tartaruga divina que é a segunda encarnação de Vishnu, apareceu no início do Satyug, para segurar em suas costas o recém criado globo (planeta Terra) e para ajudar a estabilizá-lo.

Lakshmi • a deusa da fortuna e cônjude de Vishnu.

Lingam • Símbolo fálico de Shiva.

Mahabharata • "Grande Índia"; refere-se à guerra entre Pandavas e Kauravas da dinastia Kuru, que ocorreu durante o Duaparyuga e na qual Krishna teve um papel importante.

Mahavira • O 24º Teerthankar (mestre sagrado/guia) da comunidade jainista.

Mala (ou rosário) • Um conjunto de contas feitas de madeira, algodão, pérola ou Rudraksh, unidas por meio de um cordão para formar um círculo fechado e usado geralmente para facilitar a concentração em deus para manter a conta dos mantras.

Mantra • Uma coleção de alfabetos/palavras, geralmente pronunciadas de modo musical, em louvor dos deuses e deusas ou outros seres divinos.

Matsya • O peixe divino que foi a primeira encarnação de Vishnu e que apareceu no início do mundo atual, para trazer os Vedas do oceano e ajudar o Senhor Brahma a trabalhar no processo cíclico de criação do Universo.

Moksha • Liberação do ciclo de renascimento e morte; salvação.

Nandi • O touro sagrado e veículo do Senhor Shiva.

Narak • Inferno para onde se acredita que as almas dos injustos sejam enviadas após a morte.

Om • O hino místico e sagrado que sintetiza toda a verdade do Universo.

Pancharatra • Depositários dos textos sagrados de Vishnu.

Pandit • Um sábio.

Parvati • Literalmente, "filha da montanha"; a deusa da fertilidade e cônjuge do Senhor Shiva, cujos filhos são Ganesha (removedor de obstáculos), a divindade com cabeça de elefante, e Skanda (deus guerreiro).

Pipal • Espécie de figueira; Ficus religiosa.

Prana • Força vital.

Puja • Ritual de veneração.

Puranas • Literatura religiosa cujos contos dizem respeito à mitologia hindu.

Rama • Um dos avatares do Deus Vishnu.

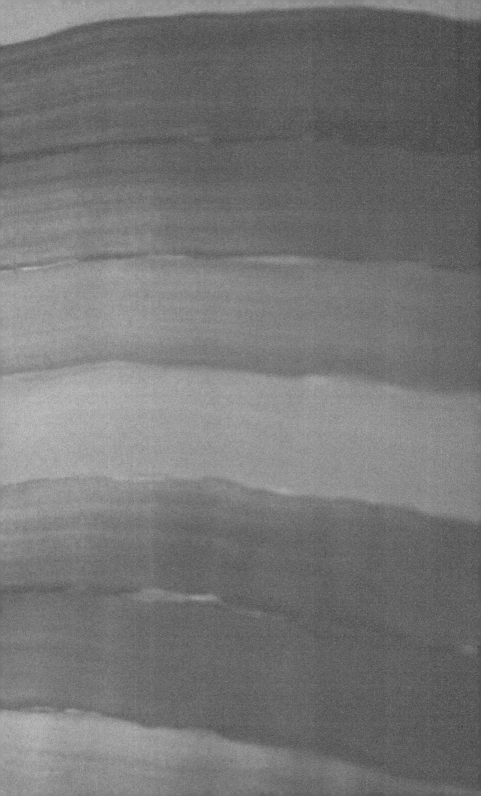

POSFÁCIO
INSPIRAÇÃO

Esta história começou com uma viagem de peregrinação que eu e minha esposa, Walkiria dos Santos, fizemos aos lugares onde viveu Sidarta Gautama, o Buda. Para praticantes do budismo como nós, visitar as regiões do nordeste da Índia e do Nepal foi tão emocionante como deve ser para judeus ou cristãos visitarem Jerusalém, ou islamitas rezarem ao redor da Caaba, em Meca.

Iniciamos por Varanasi, às margens do rio Ganges – ou Benares, como a cidade era conhecida no passado. Lá, Sidarta, como o Iluminado, proferiu o primeiro discurso e resumiu sua doutrina em *Quatro nobres verdades* e *O caminho óctuplo*. Depois, seguimos a Bodhygaia, onde encontramos milhares de monges que participavam de um encontro com o dalai-lama. Em Bodhygaya, está a sucessora da árvore Bo, sob a qual Sidarta se tornou o Buda. A parada seguinte foi em Kushinagaya, onde Sidarta morreu; e a última, em Lumbini, no Nepal, onde ele nasceu em 563 a.C.

Em Lumbini, há monumentos tombados pela Unesco que comprovam a existência histórica de Sidarta. Acredita-se que o templo e a piscina descobertos nos sítios arqueológicos sejam da época de seu nascimento. Há uma coluna, erigida pelo rei Ashoka, no local onde Maya Devi teria dado à luz o futuro líder religioso.

Nossa viagem de peregrinação continuou até o Irã e o Azerbaijão, onde foi possível fazer visitas a templos zoroástricos. O contato com o Islão se deu no Irã, no Azerbaijão, no Líbano e na Turquia. Outros países budistas que conhecemos foram: Sri Lanka, Myanmar, Butão e Tailândia.

Depois dessa viagem enriquecedora, uma frase de Stephen Hawking martelava na minha cabeça: "O tempo não existia antes do Big Bang, então Deus não pode ter criado o universo". Ela tem tudo a ver com a concepção indiana do surgimento do universo. Foi mais um incentivo para eu começar a escrever sobre o budismo.

Tive a ideia do diálogo entre homens ilustres quando constatei que alguns dos filósofos que eu lia viveram mais ou menos na mesma época, segundo historiadores. E se eles então se encontrassem para ouvir o que Sidarta tinha a dizer sobre sua visão de mundo? **Pura ficção**, mas a editora Ana Landi acreditou no argumento. E não é que os sábios se encontraram nas páginas deste livro?

— *Heródoto Barbeiro*